宋·葉寘撰

# 愛日齋叢鈔

中國書店

詳校官編修臣裴謙

臣紀昀覆勘

欽定四庫全書　子部十

提要　雜家類　雜考之屬

愛日齋叢抄五卷

臣等謹按愛日齋叢抄散見永樂大典者共一百四十三條俱不題撰人姓氏考諸家書目亦多未著録惟陶宗儀説郛第十七卷内載有此書二十二條題為宋葉某所撰而不著其名以永樂大典本參校相合者十二條

其説郛有而永樂大典脱去者十條取以叅補實得一百五十三條雖原書卷目已佚而裒輯排訂尚可考見大畧觀其論先儒崇祀一條有咸淳年號知為宋末人所作也書中大旨主於辨析名物稽考典故凡前人說部如趙德麟王直方蔡絛朱翌洪邁葉夢得陸游周必大龔頤正何薳趙彦衛諸家之書無不博引繁稱證合同異其體例與張淏雲谷

雜記葉大慶考古質疑彷彿相近特其文筆拖沓頗傷冗蔓又援引多而斷制少往往惝怳無歸不能盡出於精粹然徵摭既富中間訂訛正舛可採者亦多如辨印書之起於唐末準作准之不始於宋銅人之有四鑄罘罳之有二義婦人拜跪之變禮百官乘轎之初制以至兩黃裳三白石之類於考證經史頗有裨益其論詩諸條尤抉摘深微時能得古

人之意與胡仔魏慶之諸說足以互相發明固有未可盡廢者謹掇拾編次釐為五卷間有節録故事而不及論斷者蓋永樂大典原本脫佚今無可㕘考亦姑仍其舊録之焉乾隆四十五年九月恭校上

總纂官臣紀昀臣陸錫熊臣孫士毅

總校官臣陸費墀

# 愛日齋叢抄卷一

釋奠釋菜古禮僅存而行於學歐陽公記襄州穀城縣夫子廟有云釋奠釋菜祭之畧者也古之見師以菜為贄故始入學者必釋菜以禮其先師其學官四時之祭乃皆釋奠釋奠有樂無尸而釋菜無樂則其又畧也祭之以禮以迎尸酌鬯為盛釋奠薦饌直奠而已故曰祭之畧者余讀其文因攷之禮凡學春官釋奠于其先師

秋冬亦如之凡始立學者必釋奠于先聖先師及行事必以幣凡釋奠者必有合也天子視學適東序釋奠于先老見文王世子出征執有罪反釋奠於學以訊馘告見王制凡皆言釋奠而釋奠必於學春官大祝大會同皆造於太廟宜于社過大山川則用事焉反行舍奠甸祝掌四時之田表貉之祝號舍奠於祖廟禰亦如之師甸致禽於虞中乃屬禽及郊饁獸舍奠于祖禰亦云舍奠也案原本自祭之以禮下脱四十四句今据說郛補入始立學者既興器用幣

然後釋菜見文王世子仲春上丁命樂正習舞釋菜見月令大學始教皮弁祭菜示敬道也見學記大胥春入學舍菜合舞見春官凡皆言釋菜也而亦莫不於學士昏禮若舅姑既没則婦入三月乃奠菜士喪禮君釋菜入門喪大記大夫士既殯而君往焉釋菜於門内春官簭人乃舍萌于四方以贈惡夢注謂猶釋菜萌菜始生則凡祭禮皆有釋菜也鄭氏以釋奠者設薦饌酌奠而已無迎尸以下之事又以為釋菜奠幣孔氏以為直奠

置於物方氏以為釋其所執之物而祭之故其字或作舍奠言物就可薦以菜則特用菜而已儀禮疏奠之為言停停饌具而已又按周禮注鄭司農云舍菜謂舞者皆持芬香之采或曰古者士見於君以雉為贄見于師以菜為摯菜直為疏食菜羹之菜或曰學者皆人君卿大夫之子衣服采飾舍采者減損解釋盛服以下其師也𤣥謂舍即釋也采讀為菜菜蘋蘩之屬呂氏春秋注舍猶置也初入學宮必禮先師置采帛於前以贄神采

萊兩音而異義其説惟議禮之家有以折衷也
通鑑後唐長興三年二月辛未初令國子監校定九經雕印賣之又云自唐末以來所在學校廢絶蜀毋昭裔出私財百萬營學館且請刻板印九經蜀主從之由是蜀中文學復盛又云唐明宗之世宰相馮道李愚請令判國子監田敏校定九經刻板印賣朝廷從之後周廣順三年六月丁巳板成獻之由是雖亂世九經傳布甚廣此言宰相請校正九經印賣當是前長興三年事至

是二十餘載始辦田敏為漢使楚假道荆南以印本五經遺高從誨意其廣順以前五經先成王仲言揮麈録云毋昭裔貧賤時嘗借文選於交游間其人有難色發憤異日若貴當板以鏤之遺學者後仕王蜀為相遂踐其言刋之印行書籍創見於此事載陶岳五代史補後唐平蜀明宗命太學博士李鍔書五經倣其製作刋板於國子監監中印書之始仲言自云家有鍔書印本五經後題長興二年今史云三年中書奏請依石經文字

刻九經印板從之又他書記馮道取西京鄭覃所刊石經雕為印板則非李鍔書倣蜀製作或別本也金石録又云李鶚五代時仕至國子丞九經印板多其所書前輩頗貴重之鶚即鍔也猗覺寮雜記云雕印文字唐以前無之唐末益州始有墨板後唐方鏤九經悉收人間所收經史以鏤板為正見兩朝國史此則印書已自唐末矣按柳氏家訓序中和三年癸卯夏鑾輿在蜀之三年也余為中書舍人旬休閲書於重城之東南其書多

陰陽雜說占夢相宅九宮五緯之流又有字書小學率雕板印紙浸染不可盡曉葉氏燕語正以此證刻書不始於馮道而沈存中又謂板印書籍唐人尚未盛為之自馮瀛王始印五經自後典籍皆為板本大槩唐末漸有印書特未能盛行遂始於蜀也當五季亂離之際經籍方有託而流布於四方天之不絕斯文信矣

宋朝殿上大宴有蠻人控金獅子對設柱間乾道八年正月五日宴北使雪後日照殿門樂語云香臯狻猊雜

瑞煙於綵仗雪殘鳷鵲耀初日於金鋪此益公記行都事也故都紫宸殿有二金狻猊蓋香獸也故晏公冬節詩云狻猊對立香煙度鸑鷟交飛組繡明今奉使至朔庭率見之此陸務觀追記東都事也范至能攬轡録記兩楹間有出香金獅按大防北行日録記有金香獅金龍山各二此必務觀謂率見之者獨未詳益公所記何如也

今所謂掛懸其名傳寫多異同平園游山録記倅送步

障二俗名畫獅蓋北人飾以氊毯而畫獅子形故云爾或云名掛罳洪景盧作話私小閣名借春見於詩云居然丈室巧剸裁截竹為楹不染埃未詳即掛罳否趙彦衛閒記云紹興末宿直中官以小竹編聯籠以衣畫風雲鷺鷥作枕屏一時號曰畫絲好事者大其制施於酒席以障風野次便於圍坐或以名不雅易曰掛罳又曰出於北邊目曰話私乾道間使者嘗求其骨則不然矣且以言為話南人方言非北語也按崔豹古今注罘罳

屏也罘者復也罳者思也臣朝君至屏外復思所奏之事於其下顔思古注謂連闕曲閣也以覆重刻垣墉之處其形罘罳然一曰屏也鄭禮記註屏謂之樹今浮思也刻之為雲氣蟲獸如今闕上之為廣雅云復思謂之屏王莽壞渭陵園門罘罳曰使民無復思漢唐蘇鶚演義稱罘罳織絲為之象羅交文之狀施宫殿簷户之間又文宗實録甘露之禍羣臣奉上出殿北門裂罘罳而去酉陽雜俎稱上林間多呼殿榱桷護雀網為罘罳則

是漢以屏為罘罳唐以殿間網為罘罳以字考之二字從网有網之義漢屏疑亦有維索以為限制今云掛絲第言以絲掛於竹骨之上若用罳字亦取罘罳之義其實圍屏也開寶遺事長安士女遇名花則以裙遞相插掛為宴幄茲其始也東坡守汝陰以帷幙為擇勝亭亦此義趙氏因掛罳而及罘罳必欲考此則程氏演繁露尤詳制凡五出其一鄭康成引漢闕以明古屏而謂其上刻為雲氣蟲獸者是禮疏屏天子之廟飾也鄭曰屏謂

之樹今浮思也刻之為雲氣蟲獸如今闕上之為其二顏師古注本鄭説兼屏闕言之而於闕閣加詳漢書文帝七年未央宮東闕罘罳災顏曰罘罳謂連屏曲閣也以覆重刻垣墉之處其形罘罳一曰屏也其三漢人釋罘罳為復思雖無其制而特附之義曰臣朝君至罘罳下而復思至王莽斸去漢陵之罘罳曰使人無復思漢其四崔豹古今注依倣鄭義而不審知其詳遂析以為二闕自闕罘罳自罘罳曰漢西京罘罳合板為之亦築

土為之詳豹之意以築土者為闕以合板者為屏也又
釋闕曰其上皆丹堊其下皆畫雲氣仙靈奇禽異獸以
昭示四方其五唐蘇鶚謂為網戶演義曰罘罳字象形
罘浮也罳絲也謂織絲之文輕踈浮虛之貌蓋宮殿窻
戶之間網也此五者其制其義皆不可廢罘罳云者刻
鏤物象著之板上取其疏通連綴之狀而罘罳然故曰
浮思以此刻鏤施於廟屏覆諸宮寢闕閣非別有一物
元無附著而獨名罘罳也至其不用合板鏤刻而結網

代之以蒙冒户牖使蟲雀不得穿入則别名絲網凡此數者惟施寘之地不同其為罘罳未始或異鄭康成蓋本其所見漢制而言未於先秦有攷也宋玉曰網户朱綴刻方連些以木為户上刻為方文互相連綴朱其色也網其狀也想其制則罘罳如在目前矣宋玉之稱網綴漢人以為罘罳其義一也豹謂合板為之則是可以刻綴而應罘罳之義謂築土所成繪象其上安得有輕疏罘罳之象乎况文帝時東闕罘罳嘗灾矣若畫實土

之上火安得而灾也乃知顔師古説可據杜甫曰毀廟天飛雨焚宮火徹明罘罳朝共落榆桷夜同傾正與漢罘罳災相應蘇鶚引子虚賦罘網彌山證罘當為網引甘露之變斷罘罳裂去引温庭筠補陳武帝與王僧辯書罘罳畫捲閶闔夜開遂謂古來皆為網誤以唐制臆度也大業雜記乾陽殿南軒垂以朱絲網絡下不至地七尺以防飛鳥則真寘網於牖而可捲可裂也此唐所因倣非古制也唐雖借古罘罳語以明網户然因其借

喻而形狀益著也程說備矣觀趙彥才杜詩註援引不出此其罘罳謂案蘇鶚演義稱罘罳織絲為之乃引文宗實録甘露之禍裂斷罘罳又引杜詩罘罳朝共落又引温庭筠補陳武帝與王僧辯書罘罳晝捲皆非曲閣屏障之義反以崔豹顏師古之徒為大誤又按酉陽雜俎稱上林間多呼殿榱桷護雀網為罘罳其淺誤如此乃引張揖廣雅曰復思謂之屏又王莽性好時日小數遣使壞渭陵延陵園門罘罳曰使民無復思漢又引魚豢

魏畧黄初三年築諸門闕外罘罳為證反以絲網之說為大謬二說皆通以為網則繩為之施於宫殿簷楹之間如鷄之說是也以為屏則刻木為之施於城隅門闕之上如成式之言是也三說中段氏為長案五行志注云罘罳闕之屏也玉篇云罘罳屏樹門外也又云罘兔罟也但屏上彫刻為之其形如網罟之狀故謂之罘罳音浮思則取其復思之義且漢西京罘罳合板為之亦築土為之每門闕殿舍前皆有焉於今郡國廳前亦樹

之故宋子京詩云秋色淨罘罳皆其義也又觀洪慶善辨證亦以結網與門屏謂罘罳有二杜詩蓋指殿簷間罘罳大抵漢唐異制掛罳復出於近代固當別論以附疏通連綴之義而編竹交加幾類網戶謂之罳者亦通

禮記檀弓幼名冠字五十以伯仲孔氏曰人始生三月而加名故云幼名年二十有為人父之道同等不可復呼其名故冠而加字年至五十耆艾轉尊又捨其二十之字直以伯仲別之士冠禮二十已有伯某甫仲叔季

者彼時雖云伯仲皆配某甫而言至五十直呼伯仲爾朱文公曰吾五十即稱伯仲除了下面兩字猶今人不敢斥尊者呼為幾丈之類是不可以字尊也王藻士於君所言大夫沒矣則稱謚若字名士與大夫言名士字大夫言於君前士名而大夫字字為貴及與大夫言而字大夫雖孔氏謂言及他大夫則呼字卑者葢亦字尊矣馬永卿赴亳州永城簿初見劉器之諫議問曰王聟安否曰王學士安樂後劉公為縣宰言新主簿可教後

生不稱前輩表德此為得體童蒙訓曰故家惟晁氏羣居相處呼外姓尊長必曰某姓第幾叔若兄諸姑尊姑之夫必曰某姓姑夫某姓尊姑夫未嘗敢呼字也又云

案原本脫故家惟晁氏至又云八句今據說郛補

滎陽公外弟楊公諱環寳與他人語稱滎陽公但曰内兄或曰侍講未嘗敢字稱也舍人雜誌云張正素先生子厚名壆東萊公從表兄也長東萊公十餘歲與書未嘗稱字楊器之大夫名寔實滎陽公表弟於東萊尊行也與東萊公書亦未嘗呼字

嘗呼字五句今據說郛補案原本脫楊器之至亦未往時俗人有視楊應之學士為尊行者在朝中字呼應之應之回首不應滎陽公以應之當如是是畢不敢字尊尊固不得字畢也故吕進伯逐門客謂呼小子字豈可為人師而醻酢世變亦云字者朋友之職也嘗見前輩不呼後進字後進固不敢呼先進字也氣類不同者亦不相呼三四十年來始有字後進者要是字以代名為成人之禮尊者疑其斥之畢者且不敢當獨朋友無相尊畢可字也按嘗見前輩不呼後進字

至朋友無相尊卑可字也十一句說郛所載與此不同今仍原本而附録說郛於此嘗見前輩不呼後進者要稱字以代名為成人之禮尊者疑其斥之卑者且不敢當獨朋友無相尊卑可字也李文公答朱載書論此事云古人相接有等輕重有儀如師之於門人則名之於朋友則字而不名稱之於師則雖朋友亦名之夫子於鄭兄事子產於齊兄事晏嬰平仲傳曰子謂子產有君子之道四焉又曰晏平仲善與人交子夏曰言游過矣子張曰子夏云何曾子曰堂堂乎張也是朋友字而不名驗也謂朋友字而不名正孔氏同等不可以名而加字者也顏氏家訓曰名以正體字以表德名終則諱之字乃可以為孫氏孔子弟子記事者皆稱仲尼呂后微時嘗字高祖為季至漢袁種字其叔父曰絲王丹與侯霸子

語字霸為君房江南至今不諱字也江北士人全不辨
之名亦呼為字字亦因呼為名尚書王元景兄弟皆號
名人其父名雲字羅漢一皆諱之其餘不足怪也又續
家訓云魏常林七歲父黨造門問林伯先在否何不拜
伯先父之字也林曰臨子字父何拜之有庾翼子爰客
嘗候孫盛見盛子放問曰安國何在放答曰在庾稚恭
家蓋放以爰客字父亦字其父然王丹對侯昱而字其
父昱不以為嫌且字可以為孫氏古尊卑通稱春秋書

紀季姜蓋季者字也杜預曰書字者仲父母之尊以稱字為貴也謂子諱父字非諱之也稱其父字於人之子子有所尊而不敢當亦宜也顏氏舉字可以為孫氏至董氏續訓衍而記之其論稱字之貴之推既據古以証後來諸老辯此加詳（案自董氏續訓至此五句說郛脫去今依永樂大典）荆公序石仲卿字以為成人則貴而字之春秋二百四十二年間字而不名者十二人而已不失其所以貴乃爾少也石林葉氏云孔子雖大司寇而但稱仲尼哀公誄之曰

尼父仲山甫尹吉甫皆周之卿士而山甫吉甫猶通稱或者亦以字為重歟陸務觀筆記字所以表其人之德故儒者謂夫子曰仲尼非嫚也先左丞每言及荆公只曰介甫蘇季明書張横渠事亦只曰子厚左丞謂農師也鶴山魏氏尤主此説其記常熟縣學有曰昔柳宗元謂論語所載弟子必以字惟曾子有子不字遂謂是書出於曾門蓋以字輕而子重也及考諸孔門之訓則字為至貴蓋字與子皆得兼稱如門人之於孔子進而稱

子不敢字退而稱仲尼不言子其次亦有既子且氏如閔子騫等不一二人或子或字者又數人然淵弓至游夏最號為高弟字而不得子也有子曾子子而不得字也就二者而論則字為尊蓋子雖有師道之稱然繫於氏者不過男子之美稱耳故孝經字仲尼而子曾子禮運字仲尼而名言偃至於子思字其祖孟子字其師之祖相傳至今人之字仲尼者毋敢以為疑字既尊矣則雖以孟子亞聖亦不得以字行不寧惟是仲尼作春秋

二百四十二年間字而不名者僅十有二人而游夏諸
子之門人亦各字其師相承至於漢初猶未敢輕以字
許人答張行甫書古人稱字者最不輕儀禮子孫於祖
禰皆稱字孔門弟子多謂夫子為仲尼子思孫也孟子
又子思弟子也亦皆稱仲尼至漢魏後只稱仲尼雖今
人亦稱之而人不為怪游夏之門人皆字其師漢初唯
子房一人得稱字中世有字其諸父字其諸祖者近世
猶有後學呼退之皃童誦君實者今曰胡子仁仲張子

敬夫朱子元晦是尊敬之至答羅愚書古人以字為重雖孔門弟子與子思皆呼孔子為仲尼與謚相似皆人所通稱也今人稱前輩字遂謂不然題韓氏墓誌後或問先賢可字乎曰若用孔門弟子與子思孟子稱仲尼例則字先賢已過矣凡此俱推稱字為甚貴洪景盧云論語所記孔子與人語及門弟子并對其人問答皆斥其名未有稱字者雖顔冉高弟亦曰回曰雍唯至閔子獨云子騫終此書無損名昔賢謂論語出於曾子有子

之門人予意亦出於閔氏觀所言閔子侍側之辭與冉有子路子貢不同則可見矣其說正魏氏所謂游夏之門人各字其師者也周益公疑無已作王平父集序字歐公至子固則曰南豐先生無已學於南豐尊之宜也尊其父而輕祖何也唐立夫曰四海歐永叔也無已何尊焉至於得道之師則不可以不別是知以字為天下通稱若不逮所尊而尊之者特別其師資之私敬無以過於字也蓋參古今而論則臨文記事尊者稱之以字

非不敬也應對之頃書疏之間則字於其朋友從呂氏說可也世俗去古遠徒知不可以字而更以號稱猶未可也况不惟尊其不可字者如此故雜記之冀來者識字之所以貴也夫

乾道間陸放翁取家藏前輩筆札刻石嘉州荔枝樓下名家法帖予得其本有陳文惠書首云堯佐白而後云希元再拜希元文惠字也自稱於書問不可解黄氏法帖刊誤云柳少師與弟帖末云誠懸呈人多疑之以顔

籀注漢書丞相衡傳云字以表德豈人所自稱則不當
稱字然嘗觀逸少敬謝帖自云王逸少白廬山遠公集
盧循與遠書自云范陽盧子先叩頭則古人稱字葢或
有之黄長睿精於考古從其辯証知文惠稱字無疑矣
按漢書張晏注云匡衡少時字鼎長乃易字稚圭世所
傳衡與貢禹書上言衡敬報下言匡鼎白知是字也顔
師古以為張氏說穿鑿假有其書乃是後人見此傳云
匡鼎來不曉其意妄作衡書云鼎白爾字以表德豈人

所自稱乎長睿所引顔注謂此西京雜記云毌衡小名也若文惠前名後字或取法漢人
前輩名其子弟多不可遽觧李邯鄲將名三子期必用經語之言三者又必四字成文第二三字皆仄聲第四字平聲然後取第二第四字名之長曰復圭取三復白圭仲曰壽朋取三壽作朋季獨無之乃於佛經取三德苾芻名曰德芻項平甫得之曽仲躬侍郎王仲言亦記其事但以壽朋為長賀方回二子曰房曰廩於文房從

方廪從回葢寓父字於二子名也常子然瓌本河朔農家一村數十百家皆常氏多不通譜子然既為御史一村之人名皆從王雖走使鈴下皆然子然乃名子曰任佚美向謂周任史佚子美叔向意使人不可效耳蜀鮮于氏子四人長曰可次曰吕次曰叅次曰噩自一口而至四口賀常事見老學菴筆記平甫又記孫和甫樞密命其四子曰朴曰埜曰顗曰嗀韓蘄王命其四子曰朴直古質唐吕渭四子曰温恭儉讓此則古者名子義主

教訓為重宋謝莊五子颺朏顥嵸瀹世謂莊以風月景山水名子或後人推其偏傍云爾惟漢史恭三子高曾玄以世次懸隔之稱連名伯仲間何耶

古之稱公有不以爵者如董公呂公夏黃公東園公蓋公泄公申公毛公吳公殆以老成尊之諸老歷秦漢間齒既宿矣司馬德操少龐德公十歲兄事之呼作龐公可見尊稱也雖于定國父為獄吏決曹亦稱于公正要年德見推唯史於夏侯嬰稱滕公時為滕令後方賜侯爵

班書云嬰為滕令奉車故號滕公此猶案原本脫此五字今據說郛補入項羽所使薛公郯公或例以令長稱公也孔融告高密縣為鄭康成立鄭公鄉有云昔太史公廷尉吳公謁者僕射鄧公皆漢之名臣又商山四皓有東園公夏黃公潛光隱耀世嘉其高皆悉稱公然則公者仁德之正號不必三事大夫也柳子厚書相國房公琯銘陰曰天子之三公稱公王者之後稱公諸侯之入為王卿士亦曰公有土封其臣稱之曰公尊其道而師之稱曰公楚

之僭凡為縣者皆曰公古之人通謂年之長老曰公故言三公若周公召公王者之後若宋公為卿士若衛武公號文公鄭桓公其臣稱之則列國皆然師之尊若太公楚之為縣者若葉公白公年之長者若毛公申公浩公而大臣罕能以姓配公者雖近有之然不能著也唐之大臣以姓配公最著者曰房公東坡記墨君堂云凡人相與號呼者貴之則曰公是足證公者不專以爵貴也洪景盧採子厚東坡語記公為尊稱又曰范曄漢史

惟三公乃以姓配之未嘗或紊如稱鄧禹為鄧公吳漢為吳公伏公湛宋公弘牟公融袁公安李公固陳公寵橋公玄劉公寵崔公烈胡公廣王公龔楊公彪荀公爽皇甫公嵩曹公操也三國亦有諸葛公馬公顧公張公之目其在本朝唯韓公富公歐陽公司馬公蘇公為最著洪氏偶不引孔融語宋顏延之與何偃同從上南郊偃遥呼延之曰顏公延之以其輕脫怪之答曰身非三公之公又非田舍之公又非君家阿公何以見呼為公

偃蓋而退或以田舍公阿公皆當為翁豈延之不知其
義疑其不欲當尊稱語因過激爾自時俗崇謬敬若彼
猶賢矣班書公主亦云翁主公翁古或雜用
石林燕語云尚書省文書行下六司諸路例皆言勘會
曾魯公為相始改作勘當以其父名避之也京師舊有
平準務自漢以来有是名蔡魯公為相以其父名準亦
改為平貨務按此則史衛王為相曾祖名詔内外文書
避嫌名照會皆易證會亦猶此也後唐郭崇韜父諱弘

宰相奏改弘文館為崇文館以大臣家諱更易公名崇韜以後蔡京亦過矣論書之論準字為多如野客叢書云今吏文用承准字合書準說者謂因冦公當國人避其諱遂去十字只書准甕牖閒評今州縣判單子書准字合書準字而去下十者蓋真宗朝冦萊公名準故天下不敢全書準字後世遂因之而不改亦猶唐穆宗在東宮時判依字去人而書衣時韋綬為侍讀問之穆宗曰上以此可天下事我烏得全書此亦去下十者書准字之意也僕考魏晉石本吏文多書此承准字又觀秦漢間書與夫隷刻平准多作准知此體古矣干禄書廣韻註謂准俗準字既

古有是體不可謂俗書要皆通用石林燕語京師舊有平準務自漢以來有是名言蔡魯公為相以其父名準改平準務為平貨務僕謂平準字自古以來更草不一觀宋書平准今避順帝諱改曰染署其他言準字處所避可知項氏家說云敕劄書準為准相傳為避寇忠愍公名或云蔡京家諱皆非也按唐韻已收准字注云俗字也顔氏干禄字書並出准準二字注云上通下正則準之為准久矣然則准非避諱而省文二書引證既同

淳熙間周公秉政黃敕始用準字且記其事于二老堂雜志云敕牒準字去十為准或謂因寇準為相而改又云魯公亮蔡京父皆名準而避其實不然予見唐告已作准又收五代堂制亦然頃在密院令史輩用準字既而作相又令三省如此寫至今遂定後世豈能推其源流也

銅人凡四鑄秦始皇收天下兵聚咸陽銷以為鐘鐻金人十二重各千石史索隱長人見臨洮故銷兵器鑄而

象之漢在長樂宮前董卓壞其十為錢餘二猶在此秦鑄也漢靈帝中平三年使掖庭令畢嵐鑄四銅人列蒼龍玄武闕外此漢鑄也魏明帝景初元年徙長安鐘虡駱駝銅人承露盤盤折銅人重不可致留霸城南大發銅鑄作銅人二號曰翁仲列坐司馬門外酈氏水經以為文帝黄初元年小異李長吉以為明帝青龍九年八月緗素雜記辨明帝青龍五年三月改景初元年至三年而崩無青龍九年李集一本自云青龍元年後石虎

使牙將彌從洛陽鍾簴九龍翁仲銅駝飛廉入鄴苻堅又徙鄴銅駝銅馬飛廉翁仲於長安此魏鑄也夏主赫連勃勃鳳翔元年鑄銅為大鼓飛廉翁仲銅駝龍虎之屬飾以黄金列於宫殿之前時當晉義熙九年入長安在義熙十四年則銅鑄金飾猶在統萬此夏鑄也由嬴秦包括四海盡斂鋒利於無用且千萬歲方將震耀黔首而竿木已為兵矣時君僭王不悟其繆相承若鎮寶何耶銅駝或疑即銅馬抑二物也馬伏波得駱越銅鼓

鑄為馬式以進詔置宣德殿下是銅馬也然明帝永平五年迎取長安飛廉銅馬置上西門外平樂觀云武帝時東門京所作置金馬門外者董卓固嘗與飛廉俱壞之曹石何所徙水經注晉灼曰飛廉鹿身頭如雀有角虵尾豹文董卓銷為金用銅馬徙於建始殿東階下胡軍喪亂此象遂淪則飛廉毀而銅馬存石氏徙之鄴苻氏徙之長安也茲物與盛衰無情者蒯子訓有五百年之感索靖發見汝荊棘之嘆豈其閲歴年數之久蓋有

可悲歎況其迹已亡矣世有道感慨之故者訖無以外
是數物甚於蒯索之親見想玩制作殆其末耳故集本
末為好古者道之赫連鑄作在入長安先後當更考
漢淮南王諫伐閩越書曰輿轎而隃領服虔曰轎音橋
瓚曰今輿車也江表作竹輿以行是也項昭曰陵絶水
曰轎音旗廟反領山領也不通船車運轉皆擔輿也師
古曰服音瓚說是也項說謬矣此直言以轎過領耳何
云陵絶水乎予按韻書皆於平去二聲並見若淵明使

門生二兒舉籃輿又非南方竹輿之類耶富鄭公乘小
轎過天津薟中州尊者用之而司馬公不喜肩輿山中
亦乘馬元祐元年正月有詔左僕射司馬光許乘轎子
三日一至都堂聚議或門下尚書省治事公嘗奏即日
上下馬未得及足上有瘡深惡馬汗乞如聖𦬊權許乘
轎入内至常時下馬處下轎又言足疾未愈乞遇假日
或日晚執政出省後有合商量公事許乘小竹轎往諸
位商量是公晚在相位固乘轎矣然本優禮也麈史記

唐丞相乘馬至五代乘擔子近年唯潞國文公落致仕以太師平章重事司馬温公始為門下侍郎尋卧疾於家就拜左相不可以騎二公並許乘擔子皆異恩也文公語録云記得京師全盛時百官皆只乘馬惟元勲大臣老而有疾方賜乘轎而宦者將命之類亦皆乘轎却掃篇云京城士大夫自宰臣至百執事皆乘馬出入司馬温公居相位以病不能騎乃詔許肩輿至内東門葢特恩也建炎初駐蹕揚州以通衢皆磚甃霜滑不可以

乘馬特詔百官悉用肩輿出入朝野雜記云故事百官皆乘馬建炎初上以維揚磚滑謂大臣曰君臣一體朕不忍使羣臣奔走危地可特許乘轎蓋東都舊制惟婦人得乘車其他者德大臣或宗室近屬行尊者特旨許乘肩輿已為異禮靖康末高宗奉使至磁磁守宗汝霖以所乘轎進黑漆紫褥而已上猶却之蓋在京百官不用肩輿所以避至尊也今行在百官非入朝無乘馬者觀汪彦章集有行在百官謝許乘輿轎表云方披棘以

立朝適雨霜之在候慮乘款段或至顛隮乃曲軫於睿慈俾獲安於徐步事與李氏記思陵天語合自大觀二年詔巡檢縣尉毋乘轎提點刑獄司察之是郡縣有司多已乘轎矣政和三年詔時雪滑降路滑馬蹶臣僚造朝或至墜傷可特許蹔乘肩輿惟不得入宮門則肩輿之制始權宜通用於京師北盟會編載靖康元年十二月二十四日有㫖勘會百官馬既行在根括殆盡不可步行令檢政和三年大雪例許乘轎子出入仍不得入

皇城門省符下開封府榜示百官乘轎實不自建炎始丁特起靖康録云金人索良馬萬匹在京除執政侍從卿監郎官許留一匹自是士大夫跨驢有徒步者皆言京師也竹輿之用久著於江表由東南馬少故從土俗之便爾

唐令狐綯為翰林承旨夜對禁中燭盡宣宗命以金蓮花炬送還此蓮炬故事之始治平末神宗召知制誥鄭毅夫對內東門小殿命草吳文肅出守青州張文定參

政制賜雙炬送歸舍人院熈寧間王岐公以翰林承旨
亦召對内東門小殿夜深賜銀臺燭雙引歸院元祐間
東坡為學士草呂申公平章呂汲公范忠宣左右僕
射制夜對内東門小殿撤御前金蓮炬送歸院乾道間
周益公權直學士院草虞雍公梁鄭二公相制晚對選
德殿退御藥司自複道秉燭鎖院益公記之自謂庶
幾金蓮故事極儒生之榮遇淳熈間史忠定入侍經
幄賜宴澄碧殿抵暮送以金蓮燭宿玉堂直廬進詩以

謝有金蓮引雙燭之句寵待詞臣而優禮舊弼尤前此
稀有

田敬仲世家田乞行隂德於民而景公弗禁由此田氏
得齊衆心宗族益强其以小斗受賦大斗予民粟齊之
粟民齊之民也景公不得用之則闇矣宜思歸田氏使
田氏行之景公能禁之民何為歸田氏哉左氏亦謂以
家量貸而以公量收之民人痛疾而或燠咻之其愛之
如父母而歸之如流水欲無獲民將焉避之葢晏子知

其事矣史於殷紀書西伯自羑里歸乃陰修德行善諸侯多叛紂而往歸西伯西伯滋大紂由此失權重周紀書西伯陰行善諸侯皆來決平余謂陰者權謀詭秘之術田乞可以用也文王肯為之乎此語開姦臣盜國之謀況以德為陰德異乎所謂德也為善由私也者非也

漢惠帝太子名張后子既立而廢者無其名山更名義又更名弘即史云少帝不疑先殂武彊太與少帝俱遇禍通鑑書所名孝惠子余讀史始有疑焉以文疑之則

史云太后欲王呂氏先立孝惠後宮子後宮子者孝惠諸子邪又云宣平侯女為孝惠皇后時無子佯為有身取美人子名之殺其母立所名子為太子孝惠崩太子立為帝帝壯或聞其母死非真皇后子乃出言云云美人子猶前後宮子第非張后所産也又云呂后長女為宣平侯張敖妻敖女為孝惠皇后呂太后以重親故欲其生子萬方終無子詐取後宮子為子及孝惠帝崩天下初定未久繼嗣不明於是貴外家王諸呂以為輔而以

呂禄女為少帝后此謂弘非前以太子得立而復幽死者其言後宫人子則諸稱孝惠子者皆使母張后而本後宫所育也又云立皇子平昌侯太為呂王直書皇子愈無辨矣况張辟彊言帝無壯子而已獨史云濟川王太淮陽王武常山王朝名為少帝弟后已崩漸寓微詞然指諸封王者不若外戚世家繼嗣不明之語也以事疑之則齊王遺諸侯王書豈不能明斥其非是而止謂高后春秋高聽諸呂擅廢帝更立以廢立為罪則所廢

非他人及呂黨已誅大臣始謂少帝及梁淮陽常山王皆非真孝惠子呂后以計詐名他人子殺其母養後宫令孝惠子之於是滕公入宫言足下非劉氏不當立丞相平等至代邸言子弘等皆非孝惠帝子不當奉宗廟此時無足顧惜矣假有真孝惠子誰復為呂氏證之大臣者誠審其非縱不能爭於先及此變更追數孽后亂國之罪彼昏童孺何自而至布告天下以易置之顧不大公至正歟方且相與陰謀曰今皆已夷滅諸呂而置

所立即長用事吾屬無類矣議欲立齊王則琅琊王及大臣曰齊王母家駟鈞惡戾代王母家薄氏長者且代王高帝見子最長以子則順以善人則大臣安乃迎立代王滑橋請間為宋昌所訶始上璽綬大臣處國勢安危之會惴惴計已之禍福何以免人之疑至選士教后族又曰吾屬不死命乃懸此兩人如休戚之有不關漢之存亡獨無可慮哉因教竇長君兄弟之謀而重疑焉謂孝惠諸子究乎否也夫以掃除吕黨援立賢主培西

都久安之基平勃委曲濟事非無功天下後世惡得而疑之疑之者大臣自疑之也余又考班志云皇后亡子後宫美人有男太后使皇后名之而殺其母惠帝崩嗣子立有怨言太后廢之更立吕氏子弘爲少帝此著本末最詳乃知始立者似真孝惠庶子亦與齊王書論廢立事合弘書吕氏子餘可推矣於外戚恩澤侯表諸吕之間列義朝武太四侯云以孝惠子侯如淳注本紀引恩澤侯表曰皆吕氏子也表或逸此語吁賴孟堅以決

馬史之疑史之疑決則幸無疑於漢大臣者

太史公夏本紀自禹即天子位以後云帝禹至於帝履癸又曰帝桀殷本紀自太甲書帝太甲至於帝紂孔氏雜說言二王亦得稱帝引史記夏紀帝桀是也何獨桀云帝哉殷紀云周武王為天子其後世貶帝號號為王索隱曰按夏殷天子亦皆稱帝代以德薄不及五帝始貶帝號號之為王故本紀皆帝而後世總曰三王也又譙周云夏殷之禮生稱王死稱帝廟主皆以帝名配之見

索隱國語云玄王勤商帝甲亂之又云商王帝辛大惡於民帝辛紂也然而易曰帝乙書亦曰帝乙夏殷之稱帝莫信於此

史高帝紀有武負陳丞相世家有張負絳侯世家有許負皆以為婦人紀言王媼武負則信婦人矣班書如淳注俗謂老大母為阿負師古引劉向列女傳魏曲沃負者魏大夫如耳之母此古語謂老母為負耳案原本脫師古引劉向以下二十九字今據說郛補世家言户牖富人張負索隱曰婦人老

宿之稱然稱富人或恐是丈夫爾予謂張負果婦人當是女清之流亦富人也許負相者索隱引應劭注老嫗也意其負婦音同古文相通用不然馮婦固晉善士歟史註猶有異論者

太祖嘗問趙中令禮何以男子跪拜而婦人不跪趙不能對徧詢禮官無知者王貽孫祁公溥之子也為言古詩長跪問故夫即婦人亦跪也唐天后朝婦人始拜而不跪趙問所出因以太和中幽州從事張建章渤海國

記所載為證大重之事具國史王貽孫傳及他雜説葉氏燕語正舉此且云天聖初明肅太后垂簾欲被衮冕親祠南郊大臣爭莫能得薛簡肅公問既服衮冕陛下當為男子拜乎婦人拜乎議遂格禮九拜雖男子亦不跪貽孫之言葢陋矣簡肅亦適幸其言偶中使當時有以貽孫所陳密啟者則亦無及矣汪聖錫端明作燕語證誤又云漢書周昌傳吕后見昌為跪謝周宣帝詔命婦皆執笏其拜宗廟及天臺皆俛伏則其時婦人已不

跪矣故特有是詔云始於則天非也明肅乃謁太廟非郊祀也九拜有稽首有頓首非皆不跪也不跪雖有之葢拜之輕者爾今余觀歐公所為簡肅墓誌及湘山野録皆云后欲以衮冕謁太廟謂親祠南郊誠燕語之誤宜汪氏引宋子京謁廟賦以證至程氏攷古編又因貽孫之說考其詳有云按後周時靜帝大象二年詔内外命婦皆執笏其拜宗廟及天臺皆俛伏如男子據此特令於廟朝跪則他拜不跪矣張建章所著武后時婦拜

始不跪豈至此始并與廟朝跪禮而去之而紀之不詳耶周昌諫高帝呂后見昌為跪謝戰國策蘇秦過洛其嫂虵行匍匐四拜自跪而謝隋志皇帝册后后先拜後起則唐以前婦拜皆跪伏也又朱文公語録或問禮婦人吉拜雖君賜肅拜則古人女子拜亦伏地曰古有女子伏拜者乃太祖問范質之姪杲古者女子拜如何他遂舉古樂府云長跪問故夫以為古婦女皆伏拜自則天欲為自尊之計始不用伏拜看來此說不然樂府只

說長跪問故夫不曾說伏拜古人坐也是跪一處云直
身長跪若拜時亦只低手祗揖便是肅拜故禮注云肅
俯手也葢婦人首飾盛多如副笄六珈之類自難以俯
伏地上古人所以有父母拜其子舅姑答拜者葢只跪
坐在地拜時亦容易又不曾相對拜各有向當答拜亦
然太祝九拜肅拜但俯下手如今時傳云介者不拜故
肅使者而已文公舉貽孫之對爲範杲當别有據其論
婦拜爲詳矣鶴林玉露别記文公之說云古者男子拜

兩膝齊屈如今之道拜是也杜子春註周禮奇拜以為先屈一膝如今之雅拜即今拜也古者婦女以肅拜為正謂兩膝齊跪手至地而頭不下也拜手亦然南北朝有樂府詩説婦人曰伸腰再拜跪問客今安否伸腰亦是頭不下也周宣帝令命婦相見皆跪如男子之儀不知婦人膝不跪地變為今之拜者起於何時程泰之以為始於武后不知是否而項氏家説則云鄭氏注周禮肅拜云若今婦人撎安世按古之拜如今之揖折腰而

已介胄之士不拜故以肅為禮以其不可以折腰也然則儀式特斂手向身微作曲勢爾鄭氏之所謂撎葢如此正今時婦人揖禮也據鄭氏説則婦人之拜不過如此或者乃謂自唐武氏始尊婦人不令拜伏則妄誤之甚矣周天元時令婦人拜特撎作男子拜則雖世俗婦人亦不作男子之拜也况古者男子之拜案自拜特撎以下二十八字原本脱去今據説郛補作男子拜以但如今人之揖則婦人之拜安得已如今之伏大抵今之男子以古男子之拜為揖故其拜

也加之以伏跪為稽顙之容今之婦人亦以古婦人之拜為揖故其拜也加之以拳曲作虛坐之勢視古已加不得謂之減矣禮所謂女拜尚右手者特言斂手向右如孔子拱而尚右之尚非若今用手按膝作跪也男之尚左亦然古跪自是一禮與拜與伏皆不相干此論尤詳於諸書疑跪拜之制後周始變古唐初或因之武后乃復其舊然王建宮詞云射生宮女宿紅妝請得新弓各自張臨上馬時齊賜酒男兒跪拜謝君王殿前鋪設

兩邊樓寒食宮人步打毬一半走来爭跪拜上棚先謝得頭籌建太和中為陝州司馬豈武后以後婦拜猶跪禮特行於宮掖復齋漫録謂後周制令宮人廷拜為男子拜引建前一詩證之唐宮詞無預後周故實也

禮生男子設弧於門左女子設帨於門右三日始負子男射女否如東魏高澄尚馮翊公主生子三日時帝幸其第錫錦綵唐章敬吳后生代宗三日元宗臨澡之王毛仲妻産子三日元宗命高力士贈酒饌金帛授其兒

五品官姜𠷈以公主子生三日元宗曰他物無以餉吾孫賜六品官緋衣銀魚又武后時拾遺張德生男三日殺羊會同僚補闕杜肅告其屠殺楊太真以錦繡為襁褓裹禄山云貴妃三日洗兒也皆以三日為重東坡賀子由生孫云昨聞萬里孫已振三日浴今俗以三朝洗兒殆古意也晬謂子生一歲顔氏家訓江南風俗兒生一期為製新衣盥浴粧飾男則用弓矢紙筆女則用刀尺鍼縷並加飲食之物及珍寶物玩置之兒前觀其發

意所取以驗貪廉愚智名之為試兒親表聚集致䜩享
焉王壺野史記曹武惠始生周晬日父母以百玩之具
羅於席觀其所取武惠左手提戈右手提俎豆斯須取
一印餘無所視曹真定人江南遺俗乃有此今俗謂試周
是也惟世傳滿月且文之為彌月指詩誕彌厥月言之
按毛氏曰誕大也彌終也鄭氏曰終十月而生吕成公
註莆田鄭氏曰彌滿也其義非謂兒生及月唐書高宗
龍朔三年子旭輪生滿月大赦北户録云嶺俗家富者

婦産三日或足月洗兒作團油飯以煎魚蝦雞鵞猪羊灌腸蕉子薑桂鹽豉為之陸務觀謂此即東坡記盤游飯語相近必傳者之誤其云足月即滿月也東坡又記閩人生子三朝浴兒時家人及賓客皆戴葱錢曰葱使兒聰明錢使兒富大要三日之禮通古今遠近為重爾

案原本晬謂子生一歲至致燕享焉為一條世傳滿月至末為一條據説郛晬謂子生一歲上脱三十四句世傳滿月上脱十二句今據補入仍合為一條以復其舊

魏太武詔毀浮屠形像誅天下沙門而起天師道場受

寇謙之符籙作靜輪宫唐武宗詔毀天下寺而建九天道場受趙歸真等法籙事固反於太盛勢復激於一偏宣和之事是已魏正光以後僧尼二百萬人寺三萬餘區唐會昌毁寺四千六百餘區招提蘭若四萬餘區歸俗僧尼二十六萬五百人大素穆護祅僧二千餘人周顯德寺院存者二千六百九十四廢者三萬三百九十六見僧四萬二千四百四十四尼一萬八千七百五十六元氏之僧尼止在江北乃有此數可以言最盛時矣

江氏雜志記景德中天下二萬五千寺嘉祐間三萬九千寺趙德麟載之侯鯖録

北史所載元魏正始間都城寺踰五百占民居三之一唐代宗以元載王縉等勸事佛由是深信京畿良田美利多歸僧寺或疑非其教所尚不可知也宋敏求東京記載太平興國寺故龍興寺周顯德中廢為倉昌陵之初主僧撾鼓求復其舊遣中使持劍往視其怖畏即斬之至則神色自若引頸就戮遂詔復為寺彼能堅忍自

强震以刑威且無避崇長之宜何如葢輕生死者其師
立教為然抑亦鮮矣豈盡不可劫也漫録記宣和六年
義烏普門寺主僧飲酒食肉為知事毆奪交訟於邑令
逐主僧杖遣知事猶訴不已聞於外臺付州欲治其事
二僧乃踰月不至忽道録院下縣云普門寺住持僧某
奏夜夢神人告普門山與金華洞天相連乃高真會集
之地非汝等形服所宜速聞朝廷改宫易服臣不憚遼
遠趨詣闕庭願改宫額度為道士得旨寺改道宫僧某

還俗姓毛名歸真特授右街守闕鑒義林靈素里人也

又政和七年詔僧徒歸心道門者聽詰輔正亭陳詞即

賜度牒衣紫長老僧官别優賜視官品使道流創為之

説求附於釋氏勢之所從視此足矣張知甫可書記温

公在政府每過潞公有門僧求換道流因緩頰言之温

公愕然曰吾輩國之大臣一言一行四方風俗所繫此

僧既不終於釋豈能終於道來即誅之僧聞即遁是可

儆其徒之反覆而政宣大臣所不敢問也

欽定四庫全書

愛日齋叢抄卷二

予取愚公二人焉列子曰太行王屋二山方七百里高萬仞本在冀州之南河陽之北北山愚公年且九十面山而居懲山北之塞出入之迂率子孫荷擔者三夫叩石墾壤箕畚運於渤海之尾寒暑易節始一反河曲智叟笑而止之愚公曰雖我之死有子存焉子又生孫孫又生子子子孫孫無窮匱也而山不加增何若而不平

操蛇之神懼其不已告之於帝帝命夸娥氏二子負二山一厝朔東一厝雍南自此冀之南漢之陰無隴斷焉

說苑曰齊桓公出獵逐鹿而走入山谷之中見一老公而問之曰是為何谷對曰為愚公之谷桓公曰何故對曰以臣名之臣故畜牸牛生子而大賣之而買駒少年曰牛不能生馬遂持駒去傍鄰聞之以臣為愚故名此谷為愚公之谷桓公以告管仲仲再拜曰此夷吾之愚也使堯在上咎繇為理安有取人之駒者乎若有見暴

如是叟者又必不與也公知訟獄之不正故與之耳請退而修政夫不可改者山也而山夷不能動者君相也而為改聽鄜道元注時水出齊城西南歷愚山東有愚公塜時水又屈而逕杜山北有愚公谷此即說苑愚公柳子厚以染溪為愚正因古有愚公谷見詩序

楚元王敬禮申公等以穆生不嗜酒為設醴及王戊即位常設後忘設焉穆生退曰可以逝矣醴酒不設王之意怠不去楚人將鉗我於市稱疾卧申公白生强起之

不可遂去

田單收即墨城中千餘牛為絳繒衣畫五綵龍文束兵刃於角而灌脂束葦於尾燒其端鑿城數十穴夜縱牛壯士五千人隨其後牛尾熱怒奔燕軍所觸盡死傷事誠奇雋或者疑之即論數十穴千餘牛豈不自相抵觸能悉赴敵如人約束單果神哉此法乃有用之者東漢楊璇為零陵太守蒼梧桂陽賊攻郡縣璇制馬車數十乘以排囊盛石灰車上繫布索於馬尾又為兵車專彀

弓弩令馬車居前順風鼓灰賊不得視因以火燒布然馬驚奔突賊陣後車弓弩亂發羣盜驚駭散追斬無數繫布馬尾即束茅牛後用於車戰而利然無穴城之勞故尤便歟

公子虔告商君欲反商君亡至關下欲舍客舍客人不知是商君也曰商君之法舍人無驗者坐之商君喟然嘆曰嗟乎為法之獘一至此哉桓蔚之敗投牛牧寺僧昌保藏之劉毅殺昌及劉毅被裕討夜走投寺寺僧曰

昔亡師客桓蔚為劉衛軍所殺今實不敢容異人殺嘆曰為法自獘一至於此蘇子由責雷州不許占官舍遂僦民屋而章子厚以為强奪民居下郡按治及子厚責雷州亦問舍於民民曰前蘇公來為章丞相幾破我家今不可也當鞅輩快其令之行指撝如意假令知有後災猶將不恤正如索元禮鐵籠周興火甕不得辭矣東坡云及其出亡而無所舍然後知為法之獘夫豈獨鞅悔之秦亦悔矣予謂鞅無及也章子厚事尤似劉殺獨

不傳其悔與否爾

張宣公論王陵陳平周勃處呂后時事曰人臣之義當以王陵為正此程氏說胡明仲既於讀史管見述之予觀晁氏客語人臣事君當以王陵為正或記先儒遺論也

留侯晩謝病呂后刼之使畫保護太子之謀淮陰侯遭誣后與蕭丞相謀縛斬鍾室彭越從蜀后誘致洛陽併夷滅之威震外廷漸無帝矣帝亦憤不能堪后迎醫即

嫚罵不使治病樊噲呂氏壻或云黨呂即欲斬噲后方偃然自專問百歲後代蕭相國者枚數而未肯休豈窺帝腹心所托而將剪除之帝崩后不發喪與審食其謀盡族諸將毒機之發不可禦矣天祐漢祚幸酈商有聞危言動之姦謀旋沮否則絳侯諸大臣且不自保何能須臾為漢計他日商令其子紿呂禄解兵屬太尉史云絳侯丞相使人刼之由前事而言商何必刼哉余謂誅僇信越時后既包藏禍心及謀族諸將其迹始暴酈將

軍此事最有功於漢當表出第不知樊噲若在欲不負
漢如健婦何

文公與陳同父辯諸書大概謂漢唐之君或不能無暗
合之時全體只在利欲上同甫力爭不已按五峯胡仁
仲荅樊茂實書云天理純而人欲消者三代之興王是
也假天理以濟其人欲者五霸是也以人欲行而有暗
與天理合者自兩漢以至於五代之興王盛主是也存
一分之天理而居平世者必不亡行十分之人欲而當

亂世者必不存其說久已粲然第文公於漢祖唐宗外未必例許以暗合也同甫謂近世諸儒遂謂三代專以天理行漢唐專以人欲行其間有與天理暗合者亦能久長是千五百年間天地架漏過時人心牽補度日豈非若胡氏之說固所不取陳君舉又議暗合兩字如何斷人決無全然不識偶然撞著之理葢將平朱陳之爭而乃類向其說者讀胡集因記其略

王子淵上聖主得賢臣頌曰何必偃仰屈伸若彭祖呴

噓呼吸如喬松眇然絶俗離世哉史云上頗好神仙事

故褒對及之以諫大夫使益州求金馬碧鷄之神顧不

可言耶使不道病死奚以復命其進也當先修武帝故

事講論六藝羣書博盡竒異之好遂以文章奏投左右

能寓辭諷勸已甚賢於時人況漢士大夫尤以過家為

榮如嚴助朱買臣皆㑹稽吴人武帝問助居鄉里時助

對家貧為友壻所辱願為㑹稽太守帝又謂買臣富貴

不歸故鄉如衣繡夜行拜㑹稽太守諸常有恩者皆報

復馬司馬長卿成都人遣諭巴蜀縣吏負弩先驅蜀人以為寵榮子淵固蜀産出處非必盡類長卿想當銜命而歸鄉邑誇羨其得意何自强其勿往哉

漢朱博為瑯琊太守文學儒吏時有表記稱說云云博見謂曰如太守漢吏奉三尺律令以從事亡奈生所言聖人道何也且持此道歸堯舜君出為陳說之晉庾翼少有經綸大畧杜乂殷浩才名冠世而翼弗之重也每語人曰此輩宜束之高閣以俟太平然後議其任耳此

皆玩侮之言古人事君治民皆法堯舜朱子元一健吏
安能知之獨庚稚恭事有可論人因他日殷深源北師
無功許以先知且料其始之不取察玄言之非實也第
又嘗請爲司馬軍司而不就後復致書舉王夷甫責之
必强其出誠未忍違時望耶杜乂者元凱之孫有盛名
蔡司徒王右軍咸稱之位不過襲爵丞掾莫詳其行事
稚恭持論要是矯俗而已非若漢太守以教習拜起嫚
大儒耆老尤不受諸生故作無顧忌語對儒吏後世誦

之其自待當時無乃太薄矣

薛宣過彭城子惠為令宣心知惠不能留數日終不問吏事門下掾問宣不教戒惠之意笑曰吏道以法令為師可問而知及能與不能自有資材何可學也夫教者讇讇不必教不教者吏事吏事何可不教陳萬年善事人賂遺外戚許史其子咸抗直刺譏近臣乃晚賂陳湯求入帝城觸屏舊聞終誤之歟宣所至貶退稱進號黑白分明子為縣不過則已既過之況留連涉日乃若有

所避諱何以出對掾吏誠不可學獨不可使去耶予揣
宣意正視吏道為易而平居非無家庭習聞之詳方且
懵然莫悟一旦進之涖官之地望其悱發於父訓必不
能也為令而始學吏教亦晚矣當時為之早議去就乃
善爾或言萬一宣子憤申咸議乃翁至搶其面父子坐
累疑不教之驗將教之之不善寧勿教遂不教之善可乎
然使宣第能教之以吏其賢於教讇者幾希蓋當時能
以吏教子多有人矣無以是議宣也

王莽聞城中饑饉問中黄門王業業領長安市買乃以所賣粱飯肉羹持入曰居民食咸如此唐玄宗憂雨傷稼穡國忠取禾之善者獻之曰雨雖多不害稼也陝民訴旱觀察使崔蕘指庭樹曰此尚有葉何旱之有閭閻不通之情若斯者衆聞往時易楮幣以一萬三或言民間患物踴時相命以一劵市飯至則可十人食遂詰言者之妄事何必隱微而後難知也

讓美德也而至不讓者隱焉非讓之罪也似乎讓者之

非讓也漢西都羣臣議王莽定策安宗廟宜賜號安漢公益戶疇爵邑莽稱疾固辭言臣與孔光王舜甄豐甄邯共定策今願獨條光等賞功寢置臣莽於是詔以光為太師舜為少保皆益封萬戶豐廣陽侯為少傅邯承陽侯四人既受賞莽尚未起羣臣復上言乃詔益封二萬八千戶為太傅號安漢公莽為惶恐不得已而受策讓還益封復建言宜立諸侯王後及高祖以來功臣子孫封侯賜爵邑其為謙恭不既多乎卧疾久之逡巡受

命當時莽志寖露事在篡國以前是足欺世矣後有郭
威得無彷彿其意伐叛河中策勲還朝隱帝賜之金帛
衣服玉帶鞍馬威辭曰臣受命期年僅克一城何功之
有將兵在外凡鎮安京師供億兵食皆諸大臣居中者
之功臣安敢獨膺此賜請徧賞之乃遍賜宰相樞密宣
徽三司侍衛使九人與威如一帝欲獨賞威辭曰運籌
建策出於廟堂發兵饋糧資於藩鎮暴露戰鬬在於將
士功獨歸臣何以堪之加威兼侍中史弘肇兼中書令

竇貞固司徒蘇逢吉司空蘇禹珪左僕射楊邠右僕射
恐藩鎮觖望又加高行周太師安審琦太傅符彦卿太
保劉崇馮暉李彛殷兼中書令錢弘俶尚書令馬希廣
太尉慕容彦超劉銖高保融兼侍中孫方簡劉贇同平
章時將帥以專功伐能為累以内外叶和為難威成功
不居雖古盛美無加也不圖變起於中乗危致篡或追
議其類葬𡚁故胡氏評曰不待他日即位班賞已收中
外之心方其赴鄴言蘇逢吉楊邠史弘肇皆先帝舊臣

顧推心任之疆埸之事臣願竭愚駑果非由締合之私則以孔明之於褘允自任哉威之讓或異於莽莽飾名威市恩莽少待篡漢威則漢不謀誅之未決其反猶有以自解耳然賞賚徧及將相耗費無名尊官例加藩鎮國典殄褻假令發於真讓亦何取也况迹其心未可知
寔近於讓者惟元朔間衛青以功拜大將軍封其子伉等三人列侯青謝曰皆諸校尉力戰之功也臣青子在襁褓中何敢受封武帝詔封公孫敖合騎侯韓說龍頟

侯公孫賀南窌侯李蔡樂安侯李朔涉軹侯趙不虞隨成侯公孫戎奴從平侯李沮李息竇如意賜爵關内侯皆以從大將軍有功者青嘗謂人臣不敢專權又謂人臣何敢招士暮年權移客散能以功名終而分功裨校各案其實非若泛覃恩澤者青之讓人知其近乎讓也以讓爲不讓者又莫如曹操建安間方爲司空冀州牧遽下令曰吾起義兵誅暴亂於今十九年所征必克豈吾功哉乃賢士大夫之力也天下雖未悉定吾當要與

賢士大夫共定之而專其勞吾何以安焉大封功臣二十餘人為列侯餘以次受封通鑑綱目書曹操封功臣為列侯嗚呼操人臣也列侯漢爵也其賞曹氏之私勞耶以漢之功臣賞於曹氏君命不足用耶操之讓人知其不讓者也讓易知讓以為不讓易知不讓似乎讓獨難知莽威同似乎讓而威難知於莽歟

赤眉衆尚十餘萬人光武陳兵雒水令盆子君臣觀之謂樊崇等曰得無悔降乎朕今遣卿歸營勒兵鳴鼓相

攻決其勝負不欲强相服也徐宣等曰臣等得降猶去虎口歸慈母誠歡誠喜無所恨也諸葛武侯生致孟獲使觀營陣之間曰此軍何如獲曰向者不知虛實故敗今蒙賜觀陣若秖如此即定易勝耳縱使更戰七縱七禽而猶遣獲獲止不去曰公天威也南人不復反矣自世以詭詐為兵如拙於變者幸敵之迷誤而取勝不能使人心服光武武侯之所為善服人者也昔荀吳伐鼓鼓人或請以城叛弗許使鼓人殺叛人而繕守備圍三

月或請降使其民見曰猶有食色姑修而城鼓人告食竭力盡而後取之漢君臣其知此矣

晉陶淵明傳義熙末召拜著作郎不就刺史王弘常造之稱疾不見弘每候之廬山遣其故人齎酒先於半路若邂逅然引酌池亭弘於是進謁遂窮歡宴潛無履弘顧左右為之造履潛乃於座伸脚令度之

相傳李林甫為相若嫉其人即以倡鬼日除授無得免禍或疑宰相之所不樂何必以凶日中之予閒周史佚

請擇日立叔虞蕭相國擇良日拜韓信東都建武間為
伏湛敕尚書擇拜吏日豈惟示謹重之意且欲保其終
吉事近厚矣小人反是無所不薄安知不故求惡日哉
唐劉瑑自河東召還宣宗視案上歷曰為朕擇一令日
瑑曰某日良帝曰卿可遂相大中賢主之所為幾乎古
梁震唐末登第歸蜀過江陵高季昌愛其才識留之欲
奏為判官震恥之不受辟署終身止稱前進士大定録
云震開平元年侍郎于兢下及第李肇國史補得第謂

之前進士摭言又註韓中丞儀詩今日便稱前進士如留春色與明年按此唐以来初擢第者通稱前進士韓文公墓碑云孤前進士昶益文公長慶四年卒昶方於是年李宗閔下擢進士第後唐李龍少以文章知名既貴刻牙板金字曰前鄉貢進士雖表其榮名亦唐制之餘也

梁太祖問吳越進奏吏曰錢公有所好乎吏曰好玉帶名馬太祖喜曰真英雄也乃以玉帶一匣打毬御馬十

匹賜之
范文正公帥延安夏人相戒今小范老子腹中自有數
萬甲兵不比大范老子可欺大范謂雍也東坡以月石
研屏獻子功中書涵星研獻純父侍講有詩云故將屏
硯送兩范要使珠璧棲窗櫺大范忽長謡語出月脅令
人驚小范當繼之説破星心如雞鳴子功諱百禄純父
諸父行乃有兩大小范也子由賦毛國鎮生日詩云生
日原同小趙公自注世謂叔平大趙參政閱道小趙參

政大小之稱一時假為差别若華陽之范出於一門猶漢上郡歌大小馮君與元憲兄弟呼大小宋是也

温公為張文潛言學者讀書少能自第一卷讀至卷末往往或從中或從末隨意讀起又多不能終篇光性最專猶常患如此從來惟見何涉學士案上惟置一書讀之自首至尾正錯校字以至讀終末終卷誓不他讀此學者所難也張芸叟答孫子發書論資治通鑑其畧云温公嘗曰吾作此書惟王勝之曾閲之終篇自餘君子

求乞欲觀讀未終已欠伸思睡矣温公所言學者之通
患盍以何學士王勝之之事為讀書法
古人遇事各從其分而應之則無失中之患司馬公辭
宥密之命與吕正獻公同居洛正獻起知河陽乞在京
宫祠裕陵大喜遂召還或疑二公出處優劣程先生云
吕公世臣也不得不歸見上司馬公諍臣也不得不退
處文潞公拜平章伊川為崇政殿説書先生以師道自
居每講色甚莊泰陵畏之潞公年九十對上恭甚進士

唱名侍立終日或議先生之倨視潞公之恭為未盡先生曰潞公三朝大臣事幼主不得不恭吾以布衣為上師傅其敢不自重留丞相紹熙之末自相位逃趙忠定力贊内禪或以二公處變不同問於范仲黼郎中范曰趙丞相同姓之卿也留丞相異姓之卿也反覆之而不聽則去趙文昭語真文忠當思所以謀當路者毋徒議之而已文忠曰公宗臣當思所以謀德秀特朝廷一議論文臣爾是數者𠞰量所處豈無醇疵未可以輕議抑

知人之識其分為不易耳

温公嵩山題字云登山有道徐行則不困措足於平穩之地則不跌慎之哉又書曰光視地然後敢行頓足然後敢立即題嵩山語而愈誠慤蓋公一舉動無時不存此意康節稱君實脚踏實地人公自以為知言信哉

康節云君子落得做君子小人枉做了小人張宣公稱下句極是上句有利心不若改云君子本分做君子范忠宣公云以責人之心責已恕已之心恕人文公稱上

句自好下句既不知自治其昏迷以及人使亦如我之昏若横渠云以愛已之心愛人則盡仁以責人之心責已則盡道語便不同予以是歎脩辭之難先儒立教不敢秋忽放過凡人可以易言哉君子小人語本劉高尚云記宣公之論者以為康節語録傳訛此其徵爾

司馬光為耆英會序云樂天在洛與高年者八人游時人慕之圖傳於世宋興洛中諸公繼而為之冊矣圖形普明僧舍樂天之故第也筆談亦謂樂天居洛與高年

者八人游謂之九老洛中士大夫至今居者繼而為九老之會者再矣今考修香山故事惟至道初李文正公罷相後以司空致仕年七十七思樂天洛中之會適交游中有此數欲繼其事為宴集故相宋惠安公吴僧贊寧預焉會蜀冦起而罷其事當在京師至和間杜正獻公亦已致仕與凡老年得謝者為五老會其事又在南都謂再會洛未能詳後是如米元章九雋老會序云中散大夫河間公靖鎮吴俗乃闢羣齋會九雋老則其事

在吴名氏且未悉著獨潞公以元豐五年尹洛為耆年會凡十三人可以践唐賢遺躅而過之矣又元豐初趙清獻守杭趙康靖自南都來年八十一共游湖山為二老圖清獻時七十一程給事師孟守越又減清獻一歲嘗同唱和清獻謝事過之因增程公為三老圖盛哉承平典型也渡江以來有若史忠定六老圖周益公二老堂會清時勝事各擅一門豈惟家庭之慶又有劉汭者寫益公與兄秉成居士必正楊文節為三老圖平園誠

齋集有詩亦廬陵佳話也
王沂公以簡紙數軸送人皆他人書簡後截下紙晏元
獻公凡書簡首尾空紙皆手翦熨置几案以備用王文
康公平生不以全幅紙作封皮嘗戒其子弟諸公皆身
處貴盛儉德若此世俗費紙者何人語以古事未必不
毁薄梁東莞臧逢世就姊夫劉緩乞丐客刺書翰未寫
漢書見顔氏家訓
復齋漫録云山谷謫涪州别駕因自號涪翁按益部耆

舊傳廣陵有老翁釣於涪水自號涪翁然則涪翁之稱古有之矣苕溪漁隱曰後漢逸民傳初有父老不知何在常漁釣於涪水人因號涪翁復齋不取於此乃取益部耆舊傳後漢郭玉傳語謂涪翁之稱古有之矣不始於魯直也芥隱筆記引援亦同余記唐書陸龜蒙傳時謂江湖散人或號天隨子甫里先生自比涪翁注云巴西人居漢上者獨不用前二書為證當别有考也

陳福公在相位欲營居第視其圖以為高悉裁損之制

度甚庳董役者云宰相門不高大無以容車馬公曰吾今日有閽者一兩世後吾門扉要使小姨𡣍輩可開闔爾當與李文靖聽事僅容旋馬俱為美談乃所以遺子孫也水心集劉正字墓志云居室尢陋不改予間過之及門而下建翁逡巡出迎中街笑云自二父生而四方之過莆者無不造於庭葢今之轎大於舊矣乃世變也予亦笑曰轎雖大不數寸公門扉無乃太狹乎而不知變也福公與劉皆莆人土風殆近古二父者賓之夙復

之朔建翁名起晦復之子潛夫尚書諸祖父葉公之對

雖似謔實賢其不變於俗也或曰乾淳諸老典型自别

不獨莆土風近古也况福公賢相乎

李仁甫侍郎淳熙間因阜陵論先儒從祀當升黜去取

遂奏言范仲淹佐仁宗謹庠序之教始徧郡國立學更

取士法以作新人才歐陽修倡起古文攘斥異端視唐

韓愈無媿嘉祐治平之間人才特盛修所長育成就為

力居多而司馬光及蘇軾風節彌高其學術專務格君

心安百姓其欲正人心息邪說距詖行放淫辭流離顛沛之死靡憾蓋似孟子當安石萌芽唯光軾能逆折之見於所述文字不一而足軾著書傳與安石辯者凡十八九條尤為切近深遠其用功不在決洪水闢楊墨下使其言早聽用寧有靖康之禍悉去王安石父子而取光軾斯為允當并及仲淹修亦無不可又言昨蒙聖諭欲升光軾配享於堂輒以陳瓘斥王安石逆像獻否聖諭謂若親酌獻則蹔遷其坐於他所君臣之分終有未

安光軾必不敢當此理只用世次先後使繼韓愈亦無
降抑按道命録雜記等書趙侍郎粹中乞去王雱擇本
朝名儒列於從祀上諭以范司馬二文正歐蘇二文忠
李公以為可趙衛公主之且謂范公自以功業名歐公
當時亦微有玷不若止用馬蘇而升於堂上龔李二祭
皆不以為可葢躋祀堂上附舒王近此固無怪本以矯
學術之弊此揚彼抑不擬承其太過者尊尚之至則可
見矣讀巽巖集中疏雖或推揚上意其秉禮守正善於

立論也時則周程未暇議端平間李公之子季允樞密在從班奏卓然為學者所宗宜在從祀之列者十人胡翼之孫明復與邵周張二程氏而司馬歐蘇預馬請下經筵秘書省國子監議未詳後孰可否迨淳祐而周張程從祀及咸淳而司馬邵氏始亦從祀若范歐蘇文章名節議論道德性命欲引而合之無由也即李公所稱已於范歐蘇有所區別矣亦各從其實歟

謝上蔡之孫曰偕其子無衣食替人承符引養老母黃

子耕守天台修郡志訪求故家得之請見抗賓主禮給冠帶田宅楊龜山之家既賣其宅四世孫子復病之爭訴紛然余景瞻守南劍曰有司用交易法爾安能空手以得自至郡例卷百餘萬謝不取因贖以歸之修補其漏闕又職子復於學以廩之見葉正則所為祠記吳明輔用此二事跋樓大防叅政遺族孫帖故宗遺胄忽焉淪墜或不俟年數之遠陸務觀顧以宋廣平沈義倫之後湼為卒髡為僧不勝慨然異時賢士大夫每於此盡

情而録後恤孤具有故事茂陵詔求伊川程氏後池州申直下兩房子孫曰觀之曰源於是觀之補不理選限登仕郎充池州州學學賓月廩給以奉祭祀源赴吏部銓量補迪功郎漸遷二令監丞時又命陸文安九淵之子特之沈端憲煥之子省曾俱讀書秘省實嘉定十六七年間葉氏間見録云源鬻米都門外有教以干當路者著道學正統圖以考亭之後勦入當路姓名遂授初品而吳大禮紹定封事有云如程源如沈省曾不識一

丁字未三五年與之試郡乃布衣常帶之士勤苦燈窗馳驅仕路有二三十年不可得者張端義封事亦云祕書省讀書朝廷異禮待天下遺逸之士假借先儒之後影射市井之徒老成學者飲恥而没或謂指省曾輩也表賢者後盛時美意猶不免於異論事何者無弊使世家果有如程氏子拔之寒微正未可議抑處置在適中爾

前輩有兩黄裳皆為端明殿學士其一字冕仲延平人

元豐進士第一崇寧禮部尚書其一字文叔蜀人事茂陵潛邸為翊善劉潛夫作衢州開化芹澗橋記云端明演山黄公裳少過之有更高千萬丈還我上頭行之句遂為詩讖演山以德望重朱文公見而屈膝不專以科目重也按文公年譜乾道三年如長沙訪張宣公道昭武謁黄端明先之以書云將頓首再拜於堂下伏惟坐而受之使得自進於門人弟子之列此正黄通老尚書冕仲亦紹興五年進士第一以有官降居次官亦端明

殿學士如謂演山則晁仲是也繫年録書建炎四年卒文公似不及見或劉别有考葢識前言往行近推莆田大老不容妄論也

景定五年明堂禮成恭謝太乙宫賜宴齋殿教坊伶優舉經語以戲刑部侍郎徐復引孔道輔使契丹責以文宣為戲故事請誡樂部無復以六經前賢為戲予讀東坡通守杭州寄吕微仲詩自注杭有伶人善學吕舉措酷似别後常令作之以為笑詩云楚相未亡談笑是中

郎不見典型存使事切矣謹厚者顧疑焉朱文公在講筵優人王喜時於上前效其行止進退以為戲用事者欲賞以閤門祇候上將從之侍郎誦言將入諫命乃寢是不可不禁遏也矧假為燕笑之樂乎

淳祐五年兩浙運司物料官郭嘉卿年六十五請休致特改京秩賜號繼一處士官其子自中仍召對禁殿以詩賜之羣臣皆和又御書扁其居曰沖庵

端平臺諫吳叔永直院與唐伯玉少卿帖云端平更化

以來上親擢臺諫者三秀挺如舜俞方毅如顏叔端亮
敢言如徐直翁杜成巳與李永弟最後方德潤猶強人
意惟都運侃侃其直誾誾其爭乃能扶頹綱起敝化力
爭是非於嘉熙初元真得所謂諍臣七人矣舜俞洪忠
文也顏叔王忠文也一字去非直翁徐忠簡也成巳杜
清獻也李永吳侍郎昌裔也德潤方忠惠大琮也伯玉
唐少卿璘也予所聞端平臺諫幾二十人矣
時稱白石者樂清錢文子文季鄱陽姜夔堯章三山黃

景説巖老各因其居號之爾故堯章以謂居苕溪上與白石洞天為隣潘德久字之曰白石道人詩云屋角梅花樹花前白石生或評樂天黄醅酒對白侍郎陳去非簡齋老對月桂花此祖其格者然白石生見神仙傳中黄文人弟子也至彭祖時年已二千餘歲煮白石為糧因就白石山居時號曰白石生堯章稱此三字葢有據而後用文季宗正巖老大理皆少卿當嘉定間姜止布衣

東坡松醪賦李仁甫侍郎舉賦中語謂東坡蓋知之矣又云東坡既再謫親舊或勸益自儆戒坡笑曰得非賜自盡乎何至是顧謂叔黨曰吾甚喜松醪賦盍秉燭吾為汝書此倘一字誤吾將死海上不然吾必生還叔黨苦諫恐偏傍點畫偶有差訛或兆憂耳坡不聽逕伸紙落筆終篇無秋毫脫謬父子相與粲然松醪賦之讖渡海人知之而未知其以驗生還也

太史公推戾太子之生在建元嵗尤竟天命將出師之

年東坡推富鄭公之生在景德始盟契丹之歲人有關於世運之盛衰其生也誠有所自矣前輩肯為臆說哉何子楚春渚記聞云陸農師左丞之父少師公規生七歲不能言一日忽書門間云昔年曾住海三山日月宮中數往還無事引他天女笑謫來為吏向人間自此能言語後登進士第官至卿監壽八十而終余得其家七歲吟叙讀之則其事實左丞之祖太傅軫字齊卿者也序云祖父疾革與諸兒方卧床側遽呼起熟視之曰汝

能賦詩二聯以稱吾意乎公口占二韻立成皆神仙語
祖父視詩大喜曰瞑目無憾矣詩曰昔年曾住海三山
日月宮中屢往還無事引他天女笑謫來為吏到人間
故非世俗之語也太傅祥符進士官吏部郎中直史館
嘗守鄉郡壽七十七序又記其辟穀十年鍊丹九轉鶴
去青衣至三日而化事尤奇怪豈以為初年詩語之驗
然不謂始不能言忽題壁間且非左丞之父左丞以國
子博士贈太尉珪自廉叔為父也無云公規少師者紀

述易謞如是左丞之孫是爲務觀待制甫七歲父少師指烏命賦詩遽對曰窮達得非吾有命吉凶誰謂汝前知事見家語此少師又永年之子京西轉運宰字元鈞也吾鄉陸氏最稱故家詩禮之澤深矣世以穎悟早聞於時亦盛事也

洪氏四筆云紹興十三年敕令所進書刪定官潘良能季成㳺操存誠沈介得和伯兄景伯皆為秘書省正字同日供職少監秦伯陽言一旦四同舍姓皆從水旁嬉

有一句願諸君對之即云潘游洪沈泛瀛洲坐客無能對者因記得筆談所載元厚之絳少時夢人告異日當為翰林院學士須兄弟數人同在禁林厚之自思素無兄弟疑為不然及元厚之除學士同時入院者韓維持國陳繹和叔鄧綰文約楊繪元素名皆從糸始悟兄弟之説欲用絳繹繪維綰綸綍為對然後暇攷之史録歳月可同否也予觀桐陰舊話云元章簡公厚之嘗夢兄弟三人同為學士然厚之終鮮兄弟嘗疑之及與宫師

楊元素同在翰苑故事具奏不出官姓一日因簽奏事乃恍然記昨夢蓋三公名皆連絲旁也宮師即持國參之筆談無陳鄧二公韓無咎記家世舊事庶幾得實石林詩話又云元厚之知荆南夢至仙府三人者聯書名旁有告之曰君三人蓋兄弟也覺而思之莫知所謂未幾入為學士韓持國維楊元素繪先已在院一日書名三人名皆從絞絲始悟夢中兄弟之意已而持國元素外補厚之尹京後三年復與元素還職而鄧文約綰相繼

為直院則三人之名又皆從絞絲其事莫詳於此然亦不著陳也存中紀之異事之目在當時傳聞固應無差景盧猶謂未攷史録前賢考究不肯草草多類此也

王龜齡詹事記人説生前事其畧云予少時有鄉僧每見必曰此郎嚴伯威後身也予訪諸叔父寶印大師叔父曰嚴闍黎汝祖母賈之兄也博學工詩文戒行修飭汝父母昔以無子為憂政和壬辰正月吾師卒汝祖夢吾師至集衆花結成一大毬遺汝祖曰君家求此久矣

吾是以來是月汝母有娠吾師眉濃黑而垂目深而神
藏兒時能誦千言喜作詩人以汝眉目及趣好類之故
云又種蔬詩云前身老閣黎蔬氣端未除詳著梅溪集
古昔此事良多陳氏捫虱新話歷數房琯為永禪師婁
師德為遠法師張文定公游滁州瑯琊山寺得楞伽經
偈而悟前生東坡游杭州壽星寺入門便悟曾到春渚
記聞又以坡前身五祖戒和尚見於魯直涪陵刻石所
記往往於釋氏輪回本其家法爾坡詩自謂前生我已

到杭州到處長如到舊游李之儀云東坡平日自謂淵
明後身晚和歸去來辭始載此語要是胷中自負如此
曾直為千載人百世士之評的矣周益公奏事録記汪
聖錫端明云幼年初讀陳無已集有代人乞郡劄子一
見便疑為代傳堯俞作後閱傳集果然乃知宿世讀書
之說可信聖錫疑無已後身也賢哲曠世而脗合豈亦
其志自許三生之前不可盡知也李翶謂退之長讀書
能記他生之所習或若識環之類耶

李氏雜記云乾道末孝宗夢人告曰欲恢復中原非王淮不可於是季海方再入為少常遂除正字歷内外制不二年而執政即至左揆凡在二府十有四年一朝大臣所未有也余觀王魯公行狀其初紹興二十八年自密院編修遷校書郎未嘗除正字及居諫省以憂去乾道三年自福建轉運再入秘書為少監出守江州八年自浙西提點刑獄三入朝為太常少卿兼内外制由西掖遷學士淳熙三年冬拜樞密遂秉政第自少常執政

亦涉四年且非再入記録易訛如此婁彦發紀張全直參政事謂高宗有不盡用之歎閲十五年王淮時在諫垣上指似宰輔以形貌肖公歎賞莫及後以語阜陵淮卒正鼎席既以賦形偶類簡思陵之知復緣夢寐致阜陵注倚之重果若前二説天幸可數遇耶

愛日齋叢抄卷三

杜詩結語多用安得二字洗兵馬行云安得壯士挽天河淨洗甲兵長不用石筍云安得壯士提天綱再平水土犀奔茫蓋全法大風歌安得猛士兮守四方豈小力量敢道哉不惟此爾遣興云安得廉頗將三軍同晏眠喜雨云安得鞭雷公滂沱洗吳越大麥行云安得如鳥有羽翼託身白雲還故鄉光祿阪行云安得更似開元

中道路只今多擁隅茅屋為秋風所破歌云安得大厦千萬間大庇天下寒士俱歡顔王兵馬使二角鷹云安得爾輩開其羣驅出六合梟鸞分晚登瀼上堂云安得隨鳥翔迫此懼將恐書夢云安得務農息戰鬬普天無吏横索錢早秋苦熱云安得赤脚踏層氷後苦寒云安得春泥補地裂同谷縣歌云安得送我置汝傍多壯語也

曾見詩話稱陳無已詩寒巷聞驚犬隣家有夜歸較之

劉長卿柴門聞犬吠風雪夜歸人本非蹈襲
鄭毅夫草富相制有詩云中使傳宣內翰家君王令草
侍中麻紫泥金印封題了紅燭才燒一寸花近趙汝談
詩宫井城鴉欲動時春猿夢斷北山移攬衣擬草歸田
賦猶是金蓮燭半枝鄭矜敏捷趙乃思退辭致各清麗
俟鯖録記鄭俠上書事作悉治平時往還厚善者俠家
搜得晏叔原與俠詩云春風自是人間客主張繁華
得幾時裕陵稱之即令釋出余聞劉潛夫端明少年落

梅詩云東風謬掌花權柄却忌孤高不主張遂得罪比興似不相遠所遭乃自兩途也

陶詩結廬在人境而無車馬喧少陵東樓詩雖有車馬客而無人世喧就古語一轉正使事之法如莊子外篇忘足屨之適也忘要帶之適也東坡九日云要適忘帶足適忘屨却乍讀似與莊子意別亦是不為古事所使也

荆公詩多舉貞觀盍追懷盛時託興前代使後來讀之

如少陵武德開元際蒼生豈重攀可悲矣歎息行云官驅羣囚入市門妻子慟哭白日昏市人相與說囚事破家刼錢何處村朝廷法令亦寛大汝罪當死誰為寃路傍年少歎惜汝貞觀元元之子孫河北民云河北民生近二邊長苦辛家家養子學耕織輸與官家事戎狄今年大旱千里赤州縣仍催給河役老少相攜來就南人豐年自無食悲愁白日天地昏路傍過者無顏色汝生不及貞觀中斗粟數錢歳無兵戎傷今思古之義具

馬又其詩曰歡樂欲與少年期人生百歲常苦遲白頭富貴何所用氣力但爲憂勤衰願爲五陵輕薄兒生在貞觀開元時鬬雞走馬過一生天地安危兩不知此意雖寓辭若少過矣使生太平盛世得為謹厚君子顧不可樂哉此見石九成文詩云忽思往事三代前令有罪者亦可憐與歎息行意近荆溪集中有云嗟汝建隆元元之子孫為紹定己丑秋天台水灾而作亦用荆公語其聲愈悲矣

李伯玉縝漢老叅政之子號萬如居士有梅花百咏後莆田林子真同子常合賦梅十絶句劉潛夫端明喜其有志為和韻至十疊或以伯玉詩呈劉公公擬異日當效李體别課百首不果作二林遂成百梅卷劉公題其後有云和篇疊疊逼袁陳肯犯齊梁一點塵一時騷人名士相踵用韻劉公亦云或縉紳先生或江湖社友體製各異出而用世者其言瀏麗處而求志者其言高雅余什襲至今集中可見者葢以賦詩答之及題識之語

畧存姓名抑揚間亦寓焉如建陽魏司理定清仙溪陳邁高則皆稱其鑄詞押韻用事黄戶曹祖潤和在諸人後無一句一字相犯特記其警策聯云小哉荀令香三日甚矣桓公臭萬年之句雖老夫亦避三舍戶曹之族父珩亦繼作則以其首首不相犯句句皆自鍛若萃泉長倩他手而成亦摘奇記之清江咨龍徐用虎晚和者謂篇篇有新意若自倡首别為義疏劉公復有答以詩者併舉其槩於林知録仲嘉云直須著意描香影和靖

宗人合詠梅於吴堯云即今同社餘千首當日孤山止一聯於趙志仁監簿仲白之子時願云詩至山中不可加郎君吟筆又名家山中仲白別號於何謙云字字追還水部公篇篇壓倒後村翁於方司法元吉云處士骨寒誰得髓老夫鼻塞尚聞香請君摘出驚人句玉篴橫吹入樂章於方監鎮楷云百首初成六十餘朝塗莫改費居諸於王教景長云盤屈高才入短章卷中字字挾氷霜直探寶藏珠盈掬倒瀉金莖露浣腸於三山林天

麒云不敢袖歸防雹取般勤反壁錦奚囊於方至貢元云貧兒籬下看花窠曽見千枝玉雪㕀晝得逃禪三昧少詩如無住一聮多於方䝉制幹云出香影外别商量盡擷精英發祕藏難把微酸諧衆口只消一白賽宫妝於陳珽判官云抹黛村眉嫌醜怪約黄宫額費妝塗於袁卿相子云百篇端可補詩亡於總管陳汝一云和者肩摩似堵墻君侯殿後獨軒昂集中不著酬答而嘗和韻者當復幾人矣梅絶句以十計維揚公濟蟠通守錢

塘賦此東坡和之再劒南詩亦兩賦十十而百李氏之後莆田唱酬為盛

讀東坡詩天形倚一笠地勢轉兩輪五霸之所建毫端棲一塵功名半幅紙兒女浪苦辛所見者真超然萬有之表較韓詩下視禹九州一塵集毫端遨嬉未云幾下已億萬年聞有夸奪子萬墳壓其巔此更壯偉矣又如我行西北隅如渡月半弓登高望中原但見積水空又我觀大瀛海巨浸與天永九州居其間無異地盤鏡空

水雨無質相照但耿耿此老眼目如許廣大收拾句語中决非小力量也少陵登慈恩寺塔俯視但一氣焉能辨皇州亦此類歐陽公玩月云天形積輕清水德本虚静雲收風浪止始見天水性澄光與粹容上下相涵映乃於其兩間皎皎掛寒鏡却是先得東坡鑒空閣詩意度

張季長繽賦梅自序云余往歲和任子淵梅花詩有云夢隨影瘦溪横月詩與香深竹擁門子淵喜曰新語也

又和張惠之詩云有月嬋娟來伴住無人寂寞為誰香

薛元發屢相歎曰清語也後在雙峯戲和陳齊正詩云醉餘釵擁横枝睡夢破香隨淺笑來查元章偶見之笑曰韻語也舉酒相飲今十數年矣子淵元發元章皆下世念之悵然久不復為梅賦詩徘徊月庭雙樹盛開幽香襲人偶成一章刻琢之詞不能為子淵元發所稱而綺靡之習亦不能復為元章所笑老懐真如止水也詩曰向來懶不賦梅詩禪榻忘機鬢已絲月戶忽逢雙玉立春風又見一年期樓髙縹緲明霜影竹冷横斜浸雪

枝尚笑閒塵除未盡暗香猶著夢魂知今劒南集有次
韻張季長梅詩倚橋臨水似催詩戲伴鵝黄上柳絲萬
里西湖鷩目斷二年東閣憶幽期插瓶直欲連全樹簪
帽憑誰揀好枝一味凄涼君勿嘆平生初不願春知務
觀在蜀與張厚善暮年猶懷之不已間寓於篇什起脩
史時且欲引類不果或云李季章參政其壻也
褰衣步月踏花影炯如流水涵青蘋坡詩也寒藤老木
被光景深山大澤皆龍虵魯直詩也古今描寫月物影

有此入神之筆

陸務觀詩鴨緑桑乾盡漢天傳烽自合過祁連功名在子何殊我惟恨無人快著鞭用此視世間事稍恢廓矣文公答陳同父逢時報主之說有云就其不遇獨善其身以明大義於天下使天下之學者皆知吾道之正而守之以待上之使令是乃所以報不報之恩者亦豈必進焉而撫世哉佛者之言曰將此身心奉塵刹是則名為報佛恩而杜子美亦云四鄰耒耜出何必吾家操此

言皆有味也今觀陸詩用意不大相遠書曰人之有技若己有之推此心庶幾焉功名在子何異我躬東坡詩話亦有此語

林肅翁序樂軒詩筌末云師學之傳豈直以詩詩又不傳學則誰知後千年無人已而已而後千年有人留以待之奈何噫是摹擬舒元輿之作耶蓋元輿玉篆銘曰斯去千年冰生唐時冰復去矣後來者誰後千年無人藝止於斯嗚呼主人為吾寶之洪景盧所謂有不可名

言之妙者感今懷古此意多矣東方朔云往者不可及兮來者不可待嚴忌云往者不可攀援兮來者不可與期王文公歷山賦云云曷而亡乎我之思兮孰見兮我之悲嗚呼已矣兮來者為誰不若柳子厚詩誰為後來者當與此心期猶有以啟來世無窮之思否則夫子何以謂焉知來者之不如今也

昌黎詠筍成行齊婢僕環立比兒孫欒城凌霜自得良朋友過雨時添好子孫亦謂筍也周禮大司樂孫竹之

管注云竹枝根之末生者疏言若子孫然荆公籬落生孫竹正用此東坡檳榔生子竹生孫自註海南勒竹每節生枝如竹竿大蓋竹孫也則别一種竹題竹閣蒼然猶是種時孫是以竹之後出者為孫又謂兒子森森如立竹此因子孫之盛比竹也

退之猛虎雖云惡亦皆有匹儕羣行深谷間百獸望風低身食黄熊父子食赤豹麛擇肉於熊豹肯視狐與狸此言虎恃儔類之盛百獸畏服因得逞其大毒微細不足

充吞噬正晝當谷眠眼有百步威自矜無當對氣性縱
以乗朝怒殺其子暮還食其妃匹儕四散走猛虎還孤
棲此言虎恃其威力以毒儔類至於孤危先食熊豹之
父子而終自食其妃與子凶禍之應也狐鳴門四旁烏
鵲從噪之出逐猴入居虎不知所歸誰云猛虎惡中路
正悲啼豹來御其尾熊來攫其頤此言虎已失儔類狐
鳴鵲噪而猴入穴所食熊豹亦得搏噬之但能悲啼而
已向之暴惡安在哉以猛虎雖云惡起至此云誰云猛

虎惡威力不足恃如是猛虎死不辭但慚前所為虎坐無助死況如汝細微此終言虎之惡極矣失其儔類取死宜也當其縱暴何有於物一旦索然求免無所彼惡之不及虎也可以孤立自肆哉故當結以信親當結以私親故且不保人誰信汝為此又言人於所厚者薄無所不薄實致禍之道虎坐失其儔類遂以殺身人茍棄其親故烏能自存始云亦皆有匹儕中云匹儕四散走末云虎坐無助死一篇照應處義主風刺謂為李宗閔

作或辨其非是胡邦衡有詩云夜讀文公猛虎詩云何
虎死忽悲啼人生未省向來事虎死方羞前所為昨日
猶能食熊豹今朝無計奈狐狸我曾道汝不了事喚作
癡兒果是癡必有為而述此如少陵詩猛虎憑其威往
往遭急縛雷吼徒咆哮枝撐已在脚忽看皮寢處無復
睛閃爍人有甚於斯足以勸元惡韓詩詳著寡助之禍
杜詩直寓夫失勢之戒當互觀以為世勸
夢溪筆談記商洛間兵官賦詩云人生心無累何必買

山錢遂投檄去頗類坡詞不如歸去二頃良田無覔處歸去來兮待有良田是幾時近如徐淵子詩乃云俸餘宜辦買山錢却買端州古硯甎依舊被渠驅使在買山之事定何年

荆公兼并一詩人議設青苗法斂富民之利實本於此其詩云三代子百姓公私無異財人主擅操柄如天之斗魁賦予皆自我兼并乃奸回奸回法有誅勢亦無自來俗吏不知方掊克乃為材俗儒不知變兼并可無摧

利孔至百出小人私闔開有司與之爭民愈可憐哉是
其意雖主抑兼并而又不欲官爭民利如寓言詩婚喪
孰不供貸錢免爾縈耕收孰不給傾粟助之生物贏我
收之物窘出使營後世不務此區區挫兼并此正公所
主新法而乃以挫兼并為非二篇首尾已似異又發廪
詩云先王有經制頒賚上所行後世不復古貧窮困無
并非民獨如此為國賴以成築臺尊寡婦入粟至公卿
我嘗不忍此願見井地平要其立法豈樂於病民特欲

自上制其貧富使之稍均豪强無以擅威福耳古制甚
難復而易傚徒為感世變者深嘅也又如酬王詹叔奉
使江南訪茶法利害詩豈當榷其子而為民父母收鹽
詩一民之生重天下君子忍與爭秋毫意尤惻然者或
謂張景温榷觧鹽之法公卒主之顧不計民情何如哉
前輩論之悉矣公詩云讀書謂已多撫事知不足坡詩
亦云書生苦信書世事仍臆度當時一快意事過有餘
怍吁書何罪也栁子厚云信書成自誤經事漸知非更

嘗之餘能發此意即善矣

昌黎題楚昭王廟丘園滿目衣冠盡城闕連雲草木荒猶有國人懷舊德一間茅屋祭昭王感慨深矣蘇泠然泂金陵詩龍光寺裏只孤僧玄武湖如掌樣平更上雞籠山上望一間茅屋晉諸陵末語慘然類韓公

少陵除架廢畦詩各存興寄除架有功成者退之意而秋蟲莫雀則不悟盛衰者也廢畦有物窮則剝之意而悲君白玉槃謂時過則貴可賤盛時一失為足惜也注

詩別有取義

半山便遣能參透猶有唐人是一關誠齋楊廷秀詩也一關殆言一膜之隔未盡透徹者又有送彭元忠詩學者初學陳後山霜皮晚盡山谷寒近來別具一隻眼要踏唐人最上關此殆楊廷秀學詩法故數以為喻文公報鞏仲至帖云來喻所云潄六藝之芳潤以求真澹此極至之論然恐亦須先識得古今體製雅俗向背仍更洗滌得盡腸胃間夙生葷血脂膏然後此語方有所措

如其未然竊恐纖濁為主芳潤入不得也近世詩人正緣不曾透得此關而規規於近局故其所就皆不滿人意此之云關當異乎楊之說正為學詩者設如半山之視唐人直論向上一關爾

宛陵集中賦石昌言白鷴圖詩雙睛射空眼角聳筋爪入節韝條垂翅排霜刀毛綴甲雪色愁突秋雲披當時始得不知價朝發海東夕九疑世為奇俊玩不足奪質移神歸畫師而今挂向深堂上燕雀屏絕寧來窺畫師

黃筌出西蜀成都范尹能具知范云筌筆不敢次自養鷹鶻觀所宜毰毛植立各有態窮奇剔怪乃肯為尋常飼鷹多捕鼠捕鼠往往驅其兒其兒長大好飛走其孫賣鼠迭又衰范君語此亦有味欲戒近習無他移此即事垂戒異夫品藻丹青之作題下自注得黃筌事於景仁按東齋記事黃筌黃居宲居寶蜀之名畫手也尤善為毛翎其家多養鷹鶻觀其神俊以模寫之故得其真後子孫有棄其畫業而事田獵飛放者既多養鷹鶻則買鼠

以飼之又其後世有捕鼠為業者其所置習不可不慎人家置博奕之具者子孫無不為博奕藏書者子孫無不讀書置習豈可以不慎哉予嘗為梅聖俞言聖俞作詩以紀其事蓋即前詩也蜀公晚年得謝始追述館閣以來故事遂亦具載當以為宛陵詩箋

詩之六言古今獨少洪氏云編唐人絕句七言七千五百首五言二千五百首合為萬首而六言不滿四十信乎其難也後村劉氏選唐宋以來絕句至續選始入六

言其叙云六言尤難工栁子厚髙才集中僅得一篇惟王右丞皇甫補闕所作妙絶今古學者所未講也使後世崇尚六言自予始不亦可乎又云六言如王介甫沈存中黄魯直之作流麗似唐人而妙巧過之後有深於詩者必曰翁之言然又云野處編六言終唐三百年止得三十餘篇予於本朝得七十篇倍於唐矣今後村集中多六言事偶尤精近代詩家所難也蕭氏文選叙有云自炎漢中葉厥途漸異退傅有在鄒之作降將著河梁

之篇四言五言區以別矣又少則三字多則九言各體互興分鑣並驅又云三言八字之文注者謂韋孟傳楚元王孫代作四言詩諷王自此始李陵降匈奴蘇武別河梁上作五言詩自此始三字起夏侯湛九言出高貴鄉公三言謂漢武秋風辭八字謂魏文帝樂府詩獨不著古有六言七言者項平父說詩句二言至八言以我姑酌彼金罍為六言按文章緣起又始於漢大司農谷永子觀嵇叔夜有六言詩十首視唐人體製固先矣

東坡賦拄杖詩以聲言之如㭧真齡鐵拄杖云忽聞鏗然爪甲聲又絶句莫嫌犖确山頭路自愛鏗然曳杖聲和文與可洋州園林橋下龜魚無數在識君拄杖過橋聲昔少陵桃枝竹杖引固已云出入爪甲鏗有聲於鐵杖尤佳

少陵斯須九重真龍出一洗萬古凡馬空退之送溫處士赴河陽軍序解得空字明白序云伯樂一過冀北之野而馬羣遂空夫冀北馬多於天下伯樂雖善知馬安

得空其羣邪解之者曰吾所謂空非無馬也無良馬也便如少陵天育驃騎歌如今豈無騕褭與驊騮時無王良伯樂死即休在退之雜説云有伯樂然後有千里馬千里馬常有而伯樂不常有故雖有名馬祇辱於奴隸之手駢死於槽櫪之間不以千里稱也是非少陵句箋釋乎

魯直過家詩繫船三百里去夢無一寸當用范史楊倫語倫為將軍梁商長史諫諍不合出補常山王傅病不

之官詔書催發倫曰有留死一尺無北行一寸三國志司馬法將軍死綏注王沈魏書云綏却也有前一尺無却一寸梁馬仙琕曰有留死一尺無却生一寸今蜀本黄詩外集註於此句畧之昔賢著作非必有意古事自爾語合箋釋者揣度不流於鑿則簡矣故難

陳去非云忽有好詩生眼底安排句法已難尋呂居仁云忽見雲天有新語不知風雨對殘書静中置心真與見聞無毫膜隔礙始得此妙

呂文靖題天花寺云賀家湖上天花寺一軒窻向水開不用閑門防俗客愛閒能有幾人來曾文清題意大師房云頭白高僧心已灰石菖蒲長水蕉開莊嚴茗事鑪煙起不用關防俗子來兩詩韻同意亦合視荆公我亦暮年專一壑每逢車馬便驚猜氣象廣窄可見

潁川集吳冲卿夫人秦國挽詩有云見夫成相業聽子得忠臣自注夫人長子起居昔將論事以南遷之憂況於夫人夫人以當官許焉呂紫微詩話以為孔毅甫學

士建中靖國間作以見夫為贊夫亦云其子傳正安詩
紹聖初以左史權中書舍人欲論事懼親老未敢夫人
聞之促其子論列由此遂貶夫人不以為恨復註詩乃
蘇子由作葢誤指為毅甫矣按紹聖初子由以策題引
喻失當罷政吴權中書舍人命詞有文學風節天下所
聞及原情終是愛君之語罷起居郎又以為給舍附吕
汲公與子由謫監光州鹽酒稅再竄連州初章惇復官
將名用吴不書黄惇既相必追仇也然去國本坐行子

由青詞蘇公註將論事或槩言立朝時詩話遂證其由此遷謫也昔梅聖俞挽齊國長公主云每令夫結友不為子求郎論使事之工則此勝

李商隱詩夕陽無限好只是近黄昏足以戒盛滿而意似迫促程子云未須愁日暮天際是輕陰悠然無盡之味詩家未能及

陳無已放歌行魯直以為顧影徘徊衒耀太甚子謂不惜捲簾通一顧怕君著眼未分明誠太衒耀說與旁人

須早計隨時梳洗莫傾城亦既感悔矣老杜不嫁惜娉婷五字無已衍其詞也後村詩話云世稱朱慶餘粧罷低聲問夫婿畫眉深淺入時無之句却不入選豈嫌其自鬻耶無已措意偶類此用魯直法評唐人故亦通皇甫冉云借問承恩者雙蛾幾許長語獨含蓄

誰能更學孩童戲尋逐春風捉柳花樂天放柳枝答劉夢得詩也誠齋楊氏乃有日長睡起無情思閒看兒童捉柳花之句得非點閱世變中有感傷此靜中見動意

王直方詩話東坡平日最愛樂天之為人故有詩云我甚似樂天但無素與蠻又我似樂天君記取華顛賞遍洛陽春又他時要指洛陽人知是香山老居士又定似香山老居士世緣終淺道根深而坡在錢塘與樂天所留歲月畧相似其句云在郡依然六百日者是也洪氏三筆論蘇公謫黄州始稱東坡居士其意蓋專慕白樂天白公有東坡種花詩步東坡詩别東坡花樹詩皆為忠州刺史時作蘇公在黄正與白公忠州相似因憶蘇

詩贈寫真李道士云知是香山老居士贈善相程傑云我似樂天君記取送程懿叔云我甚似樂天入侍邇英云定似香山老居士而跋云樂天自江州司馬除忠州刺史旋以主客郎中知制誥遂拜中書舍人某雖不敢自比然謫居黄州起知文登名為儀曹遂忝侍從出處老少大畧相似庶幾復享晚節閒適之樂焉去杭州云出處依稀似樂天敢將衰朽較前賢序曰平生自覺出處老少粗似樂天才名相遠而安分寡求亦庶幾焉則

東坡之名非偶爾暗合也益公雜誌亦稱蘇公不輕許可獨敬愛樂天屢形詩篇蓋其文章皆主辭達而忠厚好施剛直盡言與人有情於物無著大畧相似謫居黄州始號東坡其原必起於樂天忠州之作予因諸詩之作而攷之東坡之慕樂天似不盡始黄州弔海月辯師云樂天不是蓬萊客憑仗西方作主人倅杭時作已有慕白之意矣坡詩註盧子逸史會昌元年有南客飄至大山有人引至一處見道士坐大殿曰此蓬萊山也宮

内院宇數十而一院扃鎖曰此白樂天宫樂天在中國未來耳樂天聞之遂作答客説詩海山不是吾歸處歸則應歸兜率天又與果上人詩不須惆悵從師去先請西方作主人觀引用此事知非已慕白也守膠西和張子野竹閣見憶云柏堂南畔竹如雲此閣何人是主人但遣先生披鶴氅不須更畫樂天真或謂此自屬之子野元祐經筵賜御書樂天紫薇花絶句又不獨公以此自擬也記韓魏公醉白堂以所得之厚薄深淺孰有孰

無較勳名富樂之不同而以忠言嘉謨効於當時文采
表於後世死生窮達不易其操道德高於古人為同追
其自處則謂才名相遠不敢自比而以由謫籍起為守
躋侍從庶幾出處老少晚節閒適安分寡求為同若樂
天聲伎之奉固蘇公所無坡後賦朝雲不似楊枝别樂
天豈誠過之戲言也況已云但無素與蠻矣子由暮年
賦詩亦謂時人莫作樂天看燕坐端能畢此身自注樂
天居洛陽日正與予年相若非齋居道場輒攜酒尋花

游賞泉石畧無暇日予性拙且懶杜門養病已近十年樂天未必能爾也或當日又以樂天稱予由香山一老而兩蘇公共之子由讀白集五絶句極論所處同異今盡抄其詩云樂天夢得老相從洛下詩流得二雄自笑索居朋友絶偶然得句共誰同樂天得法老凝師後院猶存楊柳枝春盡絮飛餘一念我今無累百無思樂天投老刺杭蘇溪石胎禽載舳艫我昔不為二千石四方異物固應無樂天引洛注池塘畫舫飛橋映緑楊潩水

隅城來不得不辭策杖看湖光樂天種竹自成園我亦
墻陰數百竿不共伊家鬬多少也能不畏雪霜寒
徐師川題雙廟云向使不死賊未必世能容樓大防評
不惟自巡遠以來未有此論葢隱寄永懷之痛黄魯直
亟稱之師川乃德占禧之子德占以給事中計議邊事
没於兵吕居仁亦有雙廟詩云念公不量勢力微本自
不辱國士知大厦又非一木支何必如此感慨爲往昔
開元全盛時公胡不念魴魚歸亦不往弔湘江纍死後

聲名何足竒其論稍異識者當別會意

陳同甫治園池為柏屋三間名曰抱膝齋葉正則為作

抱膝吟二首其一云昔人但抱膝將軍擁和鑾徒知許

國易未信藏身難功雖從歳晚譽已塞區間今人但抱

膝流俗忌長歎儒書所不傳羣士欲焚删譏訶致囚箠

一飯不得安珠玉無先容松柏有後艱内窺深深息仰

視寘寘翰勿要兩髀消且令四體胖徘徊重徘徊夜雪

埋前山其二云音駭則難聽問駭則難答我欲終言之

復恐來噂沓培風鵬未高弱水海不納匹夫負獨志經
史弢離合手捩二千年柔條起衰颯念烈倘天回意大
須事匜偶然不施用甘盡齋中榻寧為楚人弓亡失任
挽踏莫作隋侯珠彈射墜埃壒陳君舉有寄題抱膝齋
詩稻粱不難謀軒冕亦易得胡為抱膝翁惻惻復惻惻
秋風墮碧梧鳳鳥去無跡愁吟草際蛩兒女淚盈臆忽
然一長嘯孤響起空寂令人識雅頌一唱三歎息室廬
在路傍耕鑿在民籍行人聽笑語稚子共眠食讀書果

何罪鬚鬢又半白此意太勞勞此身長抑抑抱膝且不可出門更何適但勿問門外蓬蒿若干尺同甫復因書求題咏於文公有云正則為作抱膝吟二首君舉作一首詞語甚工然猶說長說短說人說我未能盡暢抱膝之意也同床各作夢周公且不能學得何必一一論到孔明哉亮又自不會吟得使此耿耿者無以自發祕書高情傑句横出一世為亮作兩吟其一為和平之音其一為悲歌慷慨之音使坐此屋而歌以自適亦如常對

晤也去僕已别賫五日糧令在彼候五七日不妨千萬
便爲一作文公辭之曰抱膝詩以數日修整破屋扶傾
補敗蔟冗細碎不勝其勞無長者池臺之勝而有其擾
以此不暇致思留此人等候數日竟不能成且令空回
伺旦夕有意思却爲作附便以往也二公詩皆甚高而
正則摹寫尤工卒章致意尤篤令人嘆息所惜不曾向
頂門上下一針猶落第二義也又因書促之云許作抱
膝吟須如前書得兩篇可長諷詠者不必論到孔明抱

膝長嘯各家園池自有各家景致但要得語言氣味深長耳又辭之云抱膝吟亦未遑致思兼是前論未定恐未必能發明賢者之用心又成虛設若於此不疑則前所云者便是一篇不押韻無音律底好詩自不須更作也葢是時問答義利王伯之論意已寖異故云前論未定他日求之不已其書有云連書求作抱膝吟非求祕書粧撰而排連也只欲眼前寫景色道今昔之變一為和平之音一為慷慨悲歌以娛其索居野處耳信手直

寫便自抑揚頓挫何必過於思慮以相玩哉去奴留待幾日儘不妨顧試作意而為之則又辭之曰抱膝吟久做不成蓋不合先寄陳葉二詩來田地都被占却教人無下手處也況今病思如此是安能復有好語道得老兄意中事耶其後猶徵促甚力而文公答語有云抱膝之約非敢食言正為前此所論未定不容草草下語須伺他時相逢彈指無言可說方敢通個消息但恐彼時又不須更作這般閒言語耳自淳熙乙巳有請追紹熙

癸丑幾十年訖不許如晚諾陸務觀老學菴銘亦不復肯作先儒語默間各有劑量也

淵明五子儼俟份佚佟責子詩曰白髮被兩鬢肌膚不復實雖有五男兒總不好紙筆阿舒已二八懶惰固無匹阿宣行志學而不好文術雍端年十三不識六與七通子垂九齡但覓梨與栗天運茍如此且進杯中物黃魯直云觀淵明此詩想見其人慈祥戲謔可觀也俗人便謂淵明諸子皆不肖而愁嘆見於詩爾又云杜子美

詩有子賢與愚何其挂懷抱子美困頓於三川益為不
知者詬病又往往譏議宗文宗武失學故聊解嘲其詩
名曰遣興可解也俗人便謂譏病淵明所謂癡人前不
得說夢也按東坡詩云我笑陶淵明種秫二頃半婦言
既不用還有責子歎蘇公肯亦效癡人說夢耶予謂淵
明和郭主簿詩弱子戲我前學語未成音此事真復樂
聊用忘華簪時當初有儼也又命子詩嗟予寡陋瞻望
弗及顧慚華鬢負影隻立三千之罪無後為急我誠念

哉呱聞爾泣卜云嘉日占亦良時名汝曰儼字汝求思温恭朝夕念兹在兹尚想孔伋庶其企而厲夜生子遽而求火凡百有心奚特於我既見其生實欲其可人亦有言斯情無假日居月諸漸免於孩福不虚生禍亦易來夙興夜寐願爾斯才爾之不才亦已焉哉蓋所謂阿舒者先長而名之末語正近責子意其成否則天也此所以為淵明之達在彭澤送一力助其子薪水之勞與儼等書有云吾年過五十少而窮苦每以家敝東西游

走性剛才拙與物多忤自量爲己必貽俗患僶俛辭世使汝等幼而饑寒汝輩稚小家貧每役薪水之勞何時可免念之在心若何可言則知儼輩固能服勞家事特學業未可知爾觀遺力給其子則云此亦人子也可善遇之戒儼等同居同財則云汝等雖不同生當思四海皆兄弟之義豈任其自爲賢愚者責子詩聊洗人間譽子癖少陵東坡亦戲言之非不知淵明也

元稹過華清宫詩白頭宫女在閒坐說玄宗退之過連

昌宫詩宫前遺老來相問今是開元幾葉孫各有意味
劍南詩中亦云舍北老人同甲子相逢揮淚說高皇
雉帶箭詩原頭火燒靜兀兀野雉畏鷹出復没將軍欲
以巧伏人盤馬彎弓惜不發地形漸窄觀者多雉驚弓
滿勁箭加衝人決起百餘尺紅翎白鏃相傾斜將軍仰
笑將吏賀五色離披馬前墮先儒云此寫物之妙令讀
者如當時周旋其間以為快或評汴泗交流詩鋪叙擊
毬之狀同

楊廷秀木犀詩系從犀首名千木派别黄香字子金後鶴山集亦賦此花云虎頭點點開金粟犀首纍纍佩印章明月上時疑白傳清風席處越黄香集古人姓字為對偶又自註顧虎頭善畫金粟用之正佳犀首配虎頭愈工而誠齋詩句殆為花補傳也

近時江湖詩選有可山林洪詩湖邊楊柳色如金幾日不來成緑陰人多傳誦却似梅宛陵不上樓來今幾日滿城多少柳絲黄晁氏客語記歐公云非聖俞不能到

劒南藁中聞蛙詩雖成兩部樂恨失一編書與魯直幾
兩屐五車書咏物之工畧同機杼識者但評其高下爾
少陵羌村第三詩羣雞正亂叫客至雞鬬爭驅雞上樹
木始聞扣柴荆父老四五人問我久遠行手中各有攜
傾榼濁復清苦辭酒味薄黍地無人耕兵革既未息兒
童盡東征請為父老歌艱難愧深情歌罷仰天歎四座
淚縱横又贈衛八處士詩人生不相見動如參與商今
夕復何夕共此燈燭光少壯能幾時鬢髮各已蒼訪舊

半為鬼驚呼熱中腸焉知二十載重上君子堂昔别君未婚兒女忽成行怡然敬父執問我來何方問答未及已兒女羅酒漿夜雨翦春韭新炊間黄粱主稱會面難一舉累十觴十觴亦不醉感子故意長明日隔山岳世事兩茫茫艱難之時道情離合莫詳於二詩一為客至而作一為訪舊而作論步驟有相合處乃其次也羌村詩或以之比淵明飲酒詩然陶詩如清晨聞扣門倒裳往自開問子為誰與田父有好懷壺漿遠見候疑我與

時乖其為閒暇非少陵所能得者

玉川子月蝕詩四方五星以及蚩尤枉矢辭而責之不若詩大東後二章歷舉牛女天畢東啟明西長庚南箕北斗以寓嘆恨之情古人造作各存法度孜索具見今但訝其怪放而已退之三星行却正用大東語

東坡初在杭賦吉祥寺謂人老簪花不自羞花應羞上老人頭後在膠西答陳述古絕句云城西亦有紅千葉人老簪花却自羞距在杭時五六年意態遽不同遂反

前詩言之未必不感吉祥舊游也
退之自云今日無端讀書史智慧只足勞精神荆公遂
謂力去陳言夸末俗可憐無補費精神不知先已悔之
矣又直用退之可憐無益費精神有似黄金擲虚牝之
句退之此語為崔立之作蓋譏其投贈之多非若前感
春詩中十四字乃歎已也劉彦冲亦云文章固自有機
杼戲事豈足勞心神
西清詩話記二詩其一方澤阻風絶句云江上春風留

容舟無窮歸思滿東流與君盡日閒臨水貪看飛花忘
却愁謂其人不以文藝名世而詩語驚人如此予記劒
南採蓮絶句云雲散青天掛玉鉤石城艇子近新秋霧
鬟風鬢歸來晚忘却荷花記得愁方詩先出末句一轉
偶同各以意勝折得荷花渾忘却空將荷葉葢頭歸見

唐絶句

老杜古柏行劉平國嘗評之云落落盤踞雖得地冥冥
孤高多烈風扶持自是神明力正直元歸造化功我踞

得其地烈風雖多亦何畏藉曰天之杌我神明固亦扶持之然所以可扶持者則亦以元來根本有此正直爾今此古柏稟於天者既異凡物又踞得其地其視鸞鳳鴟鴞也螻蟻蛟龍也等是巢穴中一物其去其來於我何擇亦於我何有子美末章苦心豈免容螻蟻香葉終經宿鸞鳳之句似未免小心計較竊恐不足以見古柏之大予詳其義若謂其心堅苦未免受小人之侵陵雖不遇而流芳餘蔭猶為善類之所依歸也據是言之何

病乎樹之大而疑其計較苟以鸞鳳鵷鶵螻蟻蛟龍皆巢穴中一物任其去來為大則一無揀擇寧不失斷制之義而有類乎兼愛趙注以螻蟻喻小人是矣又以公自況終接鴛鸞之侶釋下句理未通且分此為三節自孔明廟前有老柏指夔州孔明廟之柏自憶昨路繞錦城東追言成都先主廟之柏自大厦如傾要梁棟總言兩處之柏起意以嗟大材之人且自況其身今就其說則此因夔州之柏而思成都之廟前云君臣已與時際

會故應之先主武侯同閟宫古祠喬木視其存也想孔明之遇合見其大也與大才之不用以彼遇合而重不用之恨由其不用而後知如蜀君臣際會之盛難得也志士幽人莫怨嗟不哀不怨尤古詩法李方叔云或謂子美作此詩備詩家衆體非獨形容一時君臣相遇之盛亦所以自況而又以憫其所值之時不如古也

東坡秋懷詩苦熱念秋風常恐來無時及兹遂凛凛又作祖年悲即補洞仙歌結語荆公有云少年不知秋喜

聞西風生老大多感傷畏此蟋蟀鳴又少陵老去悲秋之意而又一詩云少年見青春萬物皆嫵媚一從鬢上白百不見可喜述壯老異情處猶前詩也

俗言宰相客位可納涼以炎暑有所不避也余義夫帥蜀題客次春帖云老子也曾來伺候諸公聊復忍須臾上句因釆盤谷序語下句晉人事又本東坡客位假寐詩謁入不得去兀坐如枯株豈惟主忘客今我亦忘吾同僚不解事慍色見髯鬚雖無性命憂且復忍須臾謝

太傅與王坦之共詣郗超日晏未得前坦之欲去大傅曰獨不能為性命忍須臾耶坡又畧轉其意用之時方通守錢塘是嚴事上官賢達不廢邊歧伯論候氣曰如待所貴不知日暮自古人情不相遠

愛日齋叢抄卷四

少陵云集賢學士如堵墻觀我落筆中書堂又云脱帽露頂王公前揮毫落紙如雲烟又云詩家筆勢君不嫌詞翰升堂為君掃當稠人廣衆揮寫翰墨固以為難也劉季高語人予無他長頗能對客發書草聖飛動觀者必謂敏手是亦自負所長耶昔王正甫石才翁對韓公草書公言二子一似向馬行頭吹笛座客皆不曉東坡

爲解云若非妙手不能向馬行頭吹也事著雜說韓公或是韓魏公馬行在汴京舊城東北隅萏鬻販百賈所會也

浣花集絶句西望長安白日遥半年無事駐蘭橈欲將張翰秋江雨畫作屏風寄鮑昭高續古舉此詩末兩句云是多少情思也亦見此老好尚不羣爾

五更三點入鵷行少陵詩也高氏緯畧論五夜以爲獨更點之制無所著見韓愈詩雞三號更五點李郢詩二

十五點秋聲長李商隱詩玉壺傳點咽銅龍唯此三詩
言點杜詩人皆能誦乃不及之陳無巳云殘點連聲殺
五更任淵注乃引韓詩及劉夢得詩云郡樓殘點聲
少陵謁玄元皇帝廟有吳道子畫圖賦詩曰畫手看前
輩吳生遠擅場黄魯直舉此以為古人於能事不特求
誇時輩要須於前輩中擅場耳王定國謫全過戎出文
字數十篇魯直曰若欲過今人則可矣若必欲過古人
宜盡燒之更讀書一年與洪駒父書云學問文章如甥

才氣筆力當求配於古人勿以賢於流俗遂自足也又云望甥不以今所能者驕人而思不如舜禹顏淵此老警策後進必使師古其言多推孝友忠信為根柢專門名師善誨人者不能加也退之答李翊書云不知生之志蘄勝於人而取於人耶將蘄至於古之立言者也蘄勝於人而取於人則固勝於人而可取於人矣將蘄至於古之立言者則無望其速成無誘於勢利養其根而竢其實加其膏而希其光根之茂者其實遂膏之沃者

其光曄仁義之人其言藹如也正魯直此意所謂若欲過今人則可矣是也世以今人自足者宜有所儆哉

退之以攘斥佛老自任凡送僧詩俱謔浪不少假乃疑其晚喜大顛於神仙事尤不肯信如謝自然詩秦皇雖篤好漢武洪其源自從二主來此禍竟連連桃源圖詩神仙有無何渺茫桃源之說誠荒唐誰氏子詩神仙雖然有傳說知者盡知其妄矣華山女詩仙梯難攀俗緣重浪憑青鳥通丁寧記夢詩我能屈曲自世間安能從

汝巢神仙意向可見乃謂姪孫韓湘獻花爲藍關之讖

公嘆異之動輒得謗信矣

漢昭烈閉門將人種蕪菁曹操使人窺之昭烈謂關張

曰吾豈種菜者乎曹公必有疑意不可復留輕騎夜去

徃小沛收合餘衆劉黒闥屛居漳南竇氏故將謀起兵

徃詣之黒闥方種蔬即殺種牛與之共飯食定計區區

灌畦之力作此狡獪黒闥後乃追悔謂幸在家鉏菜爲

高雅賢輩所誤彼自號漢東王不得擬昭烈漢中之盛

當其再仆而再起河北震撼唐且應接不暇亦已壯矣劒南詩中憑誰為向曹瞞道徹底無能合種蔬變化昭烈事用之意高

高續古都下絶句柳生春思拂京華不管閒人也憶家㳫盡好香那睡得月痕如水浸棃花此段風致便是荆公春色惱人眠不得月移花影上闌干也緯畧引秦嘉答婦徐淑書曰令種好香四種各一斤可以去穢謂如杜詩但用妙香耳好香二字未經人用也予謂今人讀

過詩中好香字安知昔人特採生語爲工因抄緯畧以
證然亦有用之者目前可記則王建詩云内人恐要秋
衣著不住熏籠換好香

甲子庚申對年長每勞推甲子夜寒初共守庚申見丁
夘集後村詩話稱徐寅詩豐年甲子春無雨良夜庚申
夏足眠之句律切然劒南詩云處處喜晴看甲子家家
築室趂庚申積雨恐防春甲子燈昏懶守夜庚申茗溪
漁隱云雨天逢甲子夜坐守庚申

眉山劉微之巨教授郡城之西壽昌院從游至百人蘇明允命東坡兄弟師之時尚幼微之賦鷺鷥詩末云漁人忽驚起雪片逐風斜坡從旁曰先生詩佳矣竊疑斷章無歸宿曷若雪片落蒹葭乎微之曰吾非若師也坡兄弟應制科微之贈詩有曰驚人事業傳三館動地文章震九州老夫欲别無他祝只願雙封萬戶侯自是三蘇名著天下而微之竟不第郡三公以遺逸舉不應鄉人但呼為孝廉其卒也范蜀公弔以詩曰案前曾立二

賢良今潁濵集中送家安國詩城西杜下老劉君春服
舞雩今幾人自注微之先生門人惟僕與子瞻兄復禮
與退翁兄皆仕耳正謂此東坡云吾八歲入小學以道
士張易簡為師童子幾百人師獨稱吾與陳太初予歎
劉孝廉張道士為童子師有二蘇者出焉雖皆没世隱
約氏名訖不泯坡晚在海南作衆妙堂記謂夢見張道
士如平昔而直云眉山道士張易簡教小學常百人予
幼時亦與焉以其師也則名之似過或欲傳其人故名

記祭天地之牛角繭栗左氏外傳楚觀射父曰郊禘不過繭栗史漢書志天地牲角繭栗顏師古註牛角之形或如繭或如栗言其小於郊祀志始著其義西京雜記惠莊聞朱雲折五鹿充宗之角歎息曰栗犢反能爾耶栗喻小而不謂其角或非本此舞陰大姓李氏擁城不下更始徵趙憙憙年未二十既見更始笑曰繭栗犢豈能負重致遠乎除為郎中行偏将軍使詣舞陰而李氏降范史注犢角如繭栗言小也則惠莊長安一儒生亦

祖古語耳晉王濬表𧂐栗之質當豺狼之路以自喻微弱也坡詩云者年日凋喪但有犢角栗魯直云紅藥枝頭初𧂐栗於是朱新仲紀𧂐栗言小也頭成𧂐栗高續古賦紅藥詞云紅翻𧂐栗梢頭遍姜堯章芍藥詞亦云正𧂐栗梢頭弄詩句取譬花之含蕊爲工魯直食筍詩𧂐栗戴地翻用之於筍尤切

東坡詩以雞頭鶻對牛尾狸此出梅聖俞詩沙水馬蹄鼈雪天牛尾狸

薛昂和君臣慶會閣詩有云逢時可謂真千載拜賜應須更萬回時號薛萬回昂大觀左丞政和門下侍郎詩為蔡元長作

呂居仁符離行符離之民難與居五年坐此如囚拘比屋生涯但剽刦諸生學問只鄉閭南鄰經年不相見北鄰雖見復麤疎穿衣小袖走塵土也復生貌施衿裾對此自然憂氣滿疾病日益何由除君不見圖經所記又可哀此州自古無賢才人謂即少陵最能行也少陵詩

云峽中丈夫絶輕死少在公門多在水富豪有錢駕大舸貧窮取給行艓子小兒學問只論語大兒結束隨商旅欹帆側柁入波濤撇旋梢濆無險阻朝發白帝暮江陵頃來目擊信有徵瞿塘漫天虎須怒歸州長年行最能此鄉之人氣量窄誤競南風疎北客若道土無英俊才何得山有屈原宅吕詩貶之殆甚少陵猶若隱惜也

張文潛齊安行云黄州楚國分三戶葛蔓為城當樓櫓

江邊市井數十家城中平田無一步土岡瘦竹青復黄

引水種稻官街旁客檣朝集暮四散吏言㗛𠴡來湖湘使君麗譙塗堊赭門狹不能行兩馬滿城蛙噪亂更聲欲風殼殼黄犢鳴最愁三伏熱如甑北客十人八九病百年生死向中州千金莫作齊安游此專刺土風之陋未及其人然符離之作亦流類也

東坡和陶詩吾琴豈得已昭氏有成虧涉歷之久固有所悔矣晚從海上還賦瓶笙云瓶中宫商自相賡昭文無虧亦無成及此而謂無虧成由其在我者莫之加損

也

陸放翁劍南詩集中有送兄仲高造朝一首云兄去游東閣才堪直北扉莫憂持槖晚姑記乞身歸道義無今古功名有是非臨分出苦語不敢計從違規儆之意不迫不迂最可誦也仲高諱升之為諸王宮教授告李莊簡家私史擢宗正丞秦檜死前誣訐之黨悉投竄仲高亦坐累徙雷州務觀後為記復菴有云方為童子時仲高文章議論已稱成材一時名公卿皆慕與之交諸老

生不敢少之皆謂仲高仕進且一日千里自從官御史識者惟恐其不得如仲高者為之及其丞大宗正出使一道在他人亦足稱美仕至仲高則謂之蹉跌不偶可也顧曾不暖席遂遭口語南遷萬里凡七易寒暑不得内徙與仲高親厚者每相與宴游輒南望歎息出涕因罷酒去如是數矣然客自海上來言仲高初不以遷謫瘴癘動其心方與學佛者游落其浮華以反本根非復昔日仲高矣聞者皆悵然自以為不足測斯人之淺深

也末又云馳騁於得喪之塲出入於憂樂之域而自得者乃如此大抵善爲隱蓄而抑揚寄於言表况其以兄弟爲之豈不費回護前詩之直後記之婉俱有味仲高既廢自言客臨安遇一老婦蓬首垢面丐於市泣愬云官人曾聞秦妙觀否妾即是也仲高言已淚落盈襟王仲信謂其愴晚節流落不偶特相似耳妙觀宣和名娼

見玉照志

李文公集有拜禹言据其叙謂之歌其詞則云惟天地

之無窮兮哀生人之常勤往者吾未及兮來者吾弗聞
已而已而乃盡用屈子逺遊篇中語第改長勤為常勤
而終之以楚接輿所歌豈感嘆之深不待自為之辭特
採古語詠歌之後人遇千百事蹟容易作得不少玩習
之意晁氏固已有考于此列之變騷序以為拜禹言者
李翺之所作也葢從本集云
蘇門陳無已清苦之士亦有長短句且言他文未能及
人獨於詞自謂不減秦七黄九文潛乃又自謂不善倚

聲製曲而致意古樂府有所矯耶其説云予自㓜童好作文字於他文常爲之雖不工要亦能措詞至於倚聲製曲力欲爲之不能出一語傳稱裨諶謀於野則獲杜南陽以爲性質之蔽夫詩曲類也善爲詩而不能製曲豈謀野蔽耶今吴氏漫録載文潛少年游秋蘂香二詞殊婉媚不在元祐諸公下或附託以傳者集中有謂曲亦詩而已不師近體也方氏年譜疑此爲代道卿贈人三詩趙德麟以鶤鵾天歌之若文潛此類

詩固不减詞家情致方氏又謂其少年多艷詞詞或文辭之詞詩樂府之寓情者故云艷詞不必證其不能製曲之說近世葉正則集中存和李季章叅政一曲亦云素不曉度曲故所次者一篇而止文人能蘄爲之流俗强所短於無益者何哉朱文公游衡岳回道中雪梅二闋懷張宣公作既又書一絶云久惡繁哇混太和云何今日自吟哦世間萬事皆如此兩葉行將用斧柯且題云自是不復作也

陳無咎題趙國一詞曠達可喜予記其文云一年一度春來何時是了花落花開渾是夢只解把人引調可憐浮世等閒過日却不識緑水青山四時都好遇筆題詩逢人飲酒世間萬事看盡多多少少怎得似羽扇綸巾雲屏烟障幾曾受些兒煩惱便乘風歸去小蓬萊聽門外猿啼鶴嘯無咎號龍壇居士越人目之為仙其詞氣頗不凡俗也

淵明贈長沙公族祖詩序云長沙公於余為族祖同出

大司馬昭穆既遠以為路人蘇老泉遂發為族譜引云無服則親盡親盡則情盡情盡則喜不慶憂不弔喜不慶憂不弔則途人也吾所與相視如途人者其初兄弟也兄弟其初一人之身也悲夫一人之身分而至於途人吾譜之所以作也淵明二十餘字不為少明允宛轉大篇不為有餘或引詩以評之詩云同源分派人易世疎慨然寤歎念兹厥初殆不若詩序合於途人之喻尤切

曾子固南齊書目録叙昔者唐虞有神明之性微妙之德使由之者不能知使知之者不能名以為治天下之本號令之所布法令之所設其言至約其體至備以為治天下之具而為二典者推而明之所記者豈獨其迹耶并與其深微之意而傳之使誦其説者如出乎其時求其指者如即乎其人則方是之時豈特任政者天下之士哉蓋執簡操筆而隨者亦皆聖人之徒也夫自三代以後為史者如遷之文不可不謂雋偉拔出之才非

常之士也然不足以發難顯之情葢聖賢之高致遷固有不能達其情而見之於後者矣遷之得失如此况其他耶李文叔書戰國策後戰國策所載皆縱横捭闔譎誑相軋傾奪之說也人讀之則必尚其說之工而忘其事之陋者文辭之勝移之而已且夀考安樂富貴尊榮顯名愛好便利得意者天下之所欲也然激而射之或將以致人之憂死亡憂患貧賤苦辱棄損亡利失意者天下之所惡也然動而竭之或將以導人之樂至於以

畀求小以高求大縱之以陽閉之以陰無非微妙難知之情雖辯士抵掌而論之猶恐不白今寓之文字不過一二言語未必及而意已隱然見乎其中使秦漢而後復有為是說者必無能載之者矣雖然此豈獨人力哉葢自堯舜夏商積制作以至於周而文物大備及周衰淩遲然所從來既遠浮而散之鍾于談舌而著于言語此莊周屈原孫武韓非商鞅與夫儀秦之徒雖不深祖吾聖人之道而所著文辭駸駸乎上薄六經而下絶來

世者豈數人之力哉二序述古文記事之妙其說精矣以書之二典能傳二帝之深微益爲史者亦聖人之徒列國之策士能發人疾隱由三代文物未盡論議高遠玩文辭者可知叙述之難工而繫乎世變矣

昌黎訟風伯以旱故爾皇甫持正譏風其意則謂昨自南昌迄建康路長而疾今由建康抵家終不百里疑風之喜怒而以淹留譏之辭義不襲其師他日東坡僧伽塔詩云去得順風來者怨荆公亦云人生萬事反覆多

道路後先能幾何之句於風伯掃空恩怨矣陳無已云歷歷數過帆當途氣如虎快意亦適然淹泊豈吾取此可以忘情於遲速者歟陸務觀記采石大江所見云便風擊鼓掛帆而行有兩大舟東下者阻風泊浦溆見之大怒頓足詬駡不已舟人不荅但撫掌大笑鳴鼓愈厲作得意之狀江行淹速常也得風者矜而阻風者怒可謂兩失世事葢多類此記之以寓一笑斯言尤足為世儆也

古人述作命意率有依據而發不得呰襲也諸家論文已備著其說偶讀退之上宰相書三篇論周公為輔相急於見賢一食三吐哺一沐三握髮以聖人之才憑叔父之親其所輔理承化之功又盡章章如是所求進見之士豈復賢於周公而求之如此其急故頌成王之德而稱周公之功至終篇諷時相無周公之治效而不下士此書葢頗類後漢高彪語彪欲從馬融訪大義融疾不獲見彪遺書曰承間問風從來有年故不待介者而

謁大君子之門冀一見龍光以叙腹心之願不圖遭疾
幽閉莫啟昔周公旦父文兄武九命作相以尹華夏猶
揮沐吐餐垂接白屋故閒道以隆天下歸德公今養痾
傲士故其宜也退之文辭足以暢其情未必取則於此
在昔稱周公於規諷無有訐其過後世欲相諛悦亦稱
周公則人疑之矣
洪氏評歐公醉翁亭記東坡酒經皆以也字為絶句歐
用二十一也字坡用十六也字歐記人人能讀至於酒

經知之者葢無幾每一也上必押韻暗寓於賦而讀之者不覺其激昂淵妙殊非世間筆墨所能形容余記王性之云古人多此體如左傳秦用孟明是以能霸也此段凡十也字其後韓文公潮州祭神文終篇皆也字不知歐陽公用柳開仲塗體開代臧丙作和州團練使李守節墓誌銘又作父監察御史夢竒誌文終篇用也字李誌也字十五末云摭辭而書石者侯之館客臧丙夢壽也性之以歐公全用此體又觀王荊公爲葛源墓誌

始終用也字三十末亦云論次其所得於良嗣而為之銘者臨川王安石也翠氏謂全學醉翁亭記用之墓文則新是未知前有柳體也韓祭神文亦于也字上寓韻則洒經文其取法者朱新仲評醉翁亭記終始用也字結句議者或紛紛不知古有此例易雜卦一篇終始用也字莊子大宗師自不自適其適至皆物之情皆用也字以是知前輩文格不可妄議項平父評醉翁亭記蘇氏族譜序皆法公羊穀梁傳蓋蘇明允序族譜亦用也

字十九及曾子開作從兄墓表又用也字十七追論本始古而易後而三傳莊子又近而韓氏迄柳仲塗以降歐王蘇曾各為祖述要知前古文體已備雖有作者不能不同也又董弅閑燕常談記世傳歐陽公作醉翁亭記成以示尹師魯自謂古無此體師魯曰古已有之公愕然師魯起取周易雜卦以示公公無語果如其說朱新仲為書評董氏兼舉其家世遺論云亭記本韓文公潮州祭大湖神文但隱括位置又加典麗也王性之槩

及韓文而謂歐實從柳此復云宗韓或疑歐公果自負作古者歟

歐公作蘇子美文集序云子美之齒少於予而予學古文反在其後天聖之間予舉進士於有司見時學者務以言語聲偶擿裂號為時文以相誇尚而子美獨與其兄才翁及穆叅軍伯長作為古歌詩雜文其推讓人如此或者猶議公作尹師魯墓誌自論云始則前有穆脩鄭條輩及有宋先達甚多不敢斷自師魯始也夫既不

自尊於子美奚獨靳於師魯哉陳氏新話辨其事已贅叙子美者可見也韓魏公作師魯墓表直云天聖初公獨與穆參軍力以古文為主次得歐陽永叔以雄辭鼓動之於是文風一變似著其實矣觀者益有疑於公然而知古文淵源宜莫如公子美亦穆參軍輩行非公不能知也古文不自師魯始公豈惡出其下而諱之不沒其實而已世俗之見好以胸臆強古人之同制論易刻況其記舊本韓文已云舉進士及第官於洛陽而尹師

魯之徒皆在遂相與作為古文是公自謂學古文在子美後師魯則相與作之未嘗求居其上也相與作之而云自師魯始則亦當自公始公不敢也魏公雖首稱尹穆其辭固存輕重要不失為推尚之至也

文公石鼓書院記前代庠序之教不修士病無所於學往往相與擇勝地立精舍以為羣居講習之所而為政者乃或就而褒美之若此山若嶽麓若白鹿洞之類是也成公記白鹿書院云國初斯民新脫五季鋒鏑之厄

學者尚寡海内向平文風日起儒先往往依山林即閒
曠以講授大率多至數十百人嵩陽嶽麓睢陽及是洞
爲尤著天下所謂四書院者也范氏驂鸞録云始諸郡
未命教時天下有書院四徂徠金山嶽麓石鼓獨不及
白鹿疑白鹿書院以淳熙六年重建范至能乾道六年
過湖湘白鹿名未稱著魏華父樞密云廬山嵩嶽衡麓
睢陽各有書院自太平興國訖大中祥符錫之榮號被
以詔墨其指四書院名與白鹿記合江南書院凡三白

鹿乃唐李渤隱居之地南唐給田選通經者講授太平興國初知江州周述請賜九經至五年洞主明起爲蔡州褒信縣主簿以田入官由是而廢石鼓乃唐元和間州人李寛所爲國初賜額以從爲州學而廢惟嶽麓自開寶中知潭州朱洞建咸平四年李允則請賜書祥符八年賜額天聖八年漕臣黄總請授山長進士孫胄官紹興初始以兵火廢秦檜當國胡明仲因書請興復舊區重賜院額乾道初劉共父樞密先建至淳熙六年文

公始建白鹿十二年湝德夫時始建石鼓皆因其舊復之三先生之文各記其成厥後諸儒過化之地或生賢之鄉莫不建立書院表其舊傳與三書院並著如二浙則平江之學道和靖鎮江之濂溪淮海湖之安定建德之釣臺紹興之稽山婺之麗澤台之上蔡衢之明正江東則建康之明道南軒徽之紫陽太平之天門信之象山宗文隆興之景濂江之濂溪景星袁之南軒吉之鷺洲龍溪撫之臨汝建昌之盱江湖則襄之清湘道之濂

溪西山鄂之南陽竹林閩則建寧之建安漳之龍巖與化之涵江廣則靜江之宣城不能悉記此皆選長廪士次於學又有雖已創始未果請於上者昔洪景盧論州郡書院但及白鹿應天嶽麓謂慶歷中詔諸路州郡皆立學設官教授則所謂書院者當合而為一嶽麓白鹿復營之各自養士其所廪給禮貌乃過於郡庠近者巴州亦創置是為一邦而兩學矣太學辟雍尚且不可是於義為不然也此論殆亦未廣參以古庠塾之制較之

釋老塔廟之盛良不為過矣然或學校廢壞長吏漫不省寧從傍築書堂精舍求其教養之實復有未盡苐若飾耳目而已其弊久則為妄庸者之資視乾淳初意遠矣白鹿夫子廟欲塑像文公曰州縣學是天子所立旣元用像不可更書院自不宜如此見先儒建置本不欲與學並也胡明仲白秦丞相求為嶽麓山長依州縣監當官給廩禄學舍諸生不樂近城市而願居山間者皆聽之文公亦告時相請得充備白鹿洞主與學徒讀書

講道於其間稍廩給如祠官且言與其使之崇奉異教之香火無事以坐食不若修祖宗之令典以文學禮義為官而食其食異時所在書院間以大官兼山主而吏部用資格注山長安知先儒所不能得者也

嘉定間真希元草詔招諭淮東湖南江西羣盜體雖儷辭極坦明以之宣布能不感動其文有云頃緣誤國之臣妄動開邊之釁科役煩重人不聊生旱蝗頻仍吏弗加恤使吾赤子多轉徙以無依而彼奸民因誘怵而

為盜靜言致寇敢昧責躬又云言念脅從之衆豈皆好亂之氓弄潢池之兵諒非爾志烈昆岡之火亦豈予心與其假息以偷生孰若轉禍而為福在昔乾道淳熙之際有若李金陳峒之徒雖暫結於蜂屯卒莫逃於鯨戮自有宇宙至於今日未聞盜賊得以全軀至紿定間盜起汀邵公貽部使者書言乞黄榜宥徒黨使自縛其酋且謂曩歲在禁林曾被旨草撫諭淮東湖南江西盜賊詔或謂詔辭甚文豈賊人所能曉曷若明降黄榜使讀

者皆知逆順禍福之為愈乎其說甚當恨不以告之廟朝葢猶因或者之論以前詔為慊公書又云但要歷落分明聞者皆曉又須誠意激切可以感人此等文字要當守兩語以為法度公當時為招撫司作諭賊文在集中文皆四言如云白頭之賊自古所無力能拔山終亦誅鋤作賊為逆殺賊為忠反掌之間禍福不同豈不誠實分明激切稱其言哉

筮仕箴周益公送子綸通判撫州為十箴涖官以勤持

身以廉事上以敬接物以謙待人以恕責己以嚴得衆
以寛養知以恬戒謹以獨詢謀以僉箴規語汝夙夜式
瞻楊廷秀送周彦敷詩所謂慈訓二六句寒窓三十春
是也彭子壽送子欽監興化涵頭鹽場作初箴處事必
公舉職必勤御吏以正撫民以誠仁以事大和以接人
惟儉與廉治家及身子壽名龜年慶元初名侍從謚忠
肅有家庭帖誨其子居官之政至為詳密此近代先正
之家訓傳於文字者非私言也真希元參政帥長沙以

廉仁公勤四言勉僚吏晚再守泉南又繹四者之義加詳王實之邁以南外宗敎爲之箴律己以廉曰惟士之廉猶女之潔苟一毫之點汙爲終身之玷缺毋謂暗室昭昭四知汝不自愛心之神明其可欺黃金五六駝胡椒八百斛生不足以爲榮千載之後有餘戮彼美君子一鶴一琴望之凜然淸風古今撫民以仁曰古者於民飢溺猶己心誠求之若保赤子於戲入室笑語飲醲噛肥出行敲朴曾痛癢之不知人心不仁一至於斯淑問

之澤百世猶祀酷吏之後今其餘幾誰甘小人而不為君子存心以公曰厚姻婭近小人尹氏所以不平於秉鈞開誠心布公道武侯所以獨優於王佐故曰本心日月利欲食之大道康莊偏見窒之聽信偏則枉直而惠姦喜怒偏則賞僭而刑濫惟公生明偏則傷闇謚事以勤曰爾服之華爾饌之豐凡縷絲而顆粟皆民力乎爾供仕焉而曠厥官食焉而怠其事稍有人心胡不自愧昔者君子靡素其餐炎汗浹背日不辭艱警枕計功夜

不遑安誰為我師一范一韓初真公有言廉者士之美節士之不廉猶女之不潔不潔之女雖功容絶人不足自贖不廉之士縱有他美何足道哉又謂況為命吏所受者朝廷之爵位所享者下民之膏腊一或不勤則職業隳弛豈不上辜朝寄而下負民望乎實之概用公文告之辭及得於游從者以成四箴先是趙福公已有廉勤公恕四説遺親戚之筮仕者

端平二年春王實之少卿自南外睦宗院教授都堂審

察及名試學士策以楮幣實之對策之末有云執事排闢國拓地之議是也而迂正心誠意之言則過矣後村集有少卿王公墓誌云發策者趙公汝談也讀之聳然改去正心誠意等字予見南塘遺稿策題云搢紳先生方且雍雍然峩峩然交誦致知格物之微言深責攘夷闢土之偉畫此愚心所竊怪而絶不喻者也又讀刻本乙未館職策有曰執事發策無取於開邊拓地之畫忠於謀國誰曰不然而致知格物誠意正心之言乃以迂

目之此又愚之所深未喻也大學一書生財發身之仁以義為利之義必懇懇言之曾謂正心誠意之無與於財乎今天下之所尊敬以為從事於此者亦既擢用略盡引君子之類易服小人之心難往來君子小人之間得以相與竊議曰儒術行則天下富今術行矣而蕭條市井氣象荒落富之效何在有德進則朝廷尊今德進矣而外敵鴟張叛卒蠭起尊之勢何如君子之類雖進而其道未行小人之迹雖屏而心難使屈服也與劉集

稍異因詳著之策問遺正心誠意字或出删本時真希
元參預既進大學衍義更化諸賢方受人責備趙公辭
旨若有所在實之不得不折衷如此昔陳同父書云今
日之儒自以為得正心誠意之學者皆風痺不知癢痛
之人也舉一世安於君父之讐而方且低頭拱手以談
性命不知何者為性命乎今日之才自以為有富國强
兵之術者狂惑以肆叫呼之人也不以暇時講究立國
之本末而乃揚眉伸氣以論富强不知何者為富强乎

其書快人意其言亦畧驗後數十年言之則所謂儒者才者固宜自量也而必罪儒與才未可也且當時同父獨欲用度外之士不知果有以賢於二者否耶

愛日齋叢抄卷五

樓暘叔云從來人說莊周盡是寓言却不曾深考如堯讓許由依舊是有此人蓋申呂許甫皆四岳之後許由亦其一也以當時咨四岳觀之則堯有讓四岳之事但周之言不無文飾過當處此論有鄱陽湯君錫亦云堯始讓四岳四岳舉舜乃讓於舜左傳曰夫許太岳之後杜詩云堯四岳則太岳非由乎後人遂有洗耳之說劉

潛之舉湯論謂許由事不見於經故揚雄以為疑誠齋云子雲到老不曉事不信人間有許由雖沈著痛快終未有以折衷此獨援引切而説不鑿予知劉公偶不記賜叔亦已言之在左氏外傳齊許申呂由太姜解謂四國皆姜姓四岳之後太姜之家高士傳堯召許由為九州長豈即四岳之任歟湯名師中嘉定進士伯紀端明之父與賜叔時相後先識見高考論自然符合也

子華子之書其辭多見於吕覽而高誘曰古之體道人

也今即其言證之或大同而小異意者咸陽諸客雜採以成書故不無損益也如貴生篇云子華子曰全生為上虧生次之死次之迫生為下故所謂尊生者全生之謂所謂全生者六欲皆得其宜也所謂虧生者六欲分得其宜也虧生則於其尊之者薄矣其虧彌甚者其尊彌薄所謂死者無有所以知復其未生也所謂迫生者六欲莫得其宜也皆獲其所甚惡者服是也辱是也辱莫大於不義故不義迫生也而迫生非獨不義也故曰

迫生不若死奚以知其然也耳聞所惡不若無聞目見所惡不若無見故雷則揜耳電則揜目此其比也凡六欲者莫知其所甚惡而必不得免不若無有所以知無有所以知者死之謂也故迫生不若死嗜肉者非腐鼠之謂也嗜酒者非敗酒之謂也尊生者非迫生之謂也令其書曰全生為上虧生者次之死次之迫斯下矣所謂全生者六欲皆得其宜也所謂虧生者六欲分得其宜也夫虧生則於其所尊者薄矣其虧彌甚則其尊彌

薄所謂死者無有所知而復其未生也所謂迫生者六欲莫得其宜也皆獲其所甚惡者也辱莫大於不義不義者迫生也故曰迫生不如死人之常情耳聞而目見也耳聞所甚惡不如無聞目見所甚不欲不如無見是以迅雷則掩耳恐故也所貴乎嗜粱肉者非腐鼠之謂也所貴乎飲醪醴者非敗酒之謂也所貴乎尊生者非迫生之謂也夫迫生之人鞠窮而歸故曰迫斯為下矣先已篇云子華子曰丘陵成而穴者安矣大水深淵成

而魚鼈安矣松栢成而塗之人已蔭矣今其書曰夫丘陵髙而穴成於上狐狸藏矣溪谷深而淵成於下魚鼈安矣松栢茂而蔭成於林塗之人則蔭矣此子華子對趙簡子招之之辭也誣徒篇云子華子曰王者樂其所以王亡者亦樂其所以亡故烹獸不足以盡獸嗜其脯則幾矣然則王者有嗜乎禮義也亡者亦有嗜乎暴慢也所嗜不同故其禍福亦不同此與其書合明理篇云子華子曰夫亂世之民長短頡頏百疾民多疾癘道多褓

襁盲禿傴尫萬怪皆生今其書曰末世之俗則不然煩稱文辭而實不効知譎相誕而情不應蓋嘗先霜霰以戒裘鑪機括存乎中而羣有詐心者族攻之於是以父哭其子兄喪其弟長短顛訐百疾俱作時方疫癘道有繈負盲禿狂傴萬怪以生所以然者氣之所感故也知度篇云子華子曰厚而不博敬守一事正性是喜羣衆不周而務成一能盡能既成四夷乃平唯彼天符不周而周此神農之所以長而堯舜之所以章也人主自智

而愚人自巧而拙人若此則愚拙者請矣巧智者詔矣詔多則請者愈多矣請者愈多且無不請也主雖巧智未無不知也以未無不知應無不請其道固窮為人主而數窮於其下將何以君人乎窮而不知為窮其患又將反以自多是之謂重塞之主無存國矣故有道之主因而不為責而不詔去想去意靜虛以待不伐之言不奪之事督名審實官使自司以不知為道以奈何為實堯曰若何而為及日月之所燭舜曰若何而服四荒之

外禹曰若何而治青北化九陽奇怪之所際今其書曰道之為治厚而不博敬守其一正性内足羣衆不周而務成一能盡能既成四境以平唯彼天符不周而同此神農之所以長也堯舜氏之所以章也夏后氏之所以勤也夫人主自智而愚人自巧而拙人若此則愚拙者請矣巧智者詔矣詔多則請者加多矣請者加多則是無不請也主雖巧智未無不知也以未無不知應無不請其道固窮為人主而數窮於其下將何以君人乎窮

而不知其窮又將自以為多矣是之謂重塞之國上有諱言之君下有苟且之俗其禍起於願治也夫有欲為願治之心而獲重塞之禍是以臣愚以為國不足為也事不足治也昔有道之世因而不為責而不詔去想去意靜虛以待不伐之言不奪之事循名覈實官庀其司以不知為道以奈何為實神農曰若何而和萬物調三光堯曰若何而為日月之所燭舜曰若何而服四荒之外禹曰若何而治青北九陽奇怪之所際是此王者天

下以爲功後世以爲能此子華子對齊景公問爲國者也其有不著子華子者如盡數篇云流水不腐户樞不蠹動也今其書曰流水之不腐以其逝故也户樞之不蠹以其運故也皆論養生而其書則以醫法言之如誣徒篇云人之情愛同於己者譽同於己者助同於己者此篇於前子華子曰王者樂其所以王以下凡二百餘言而後及此豈皆子華子之言今其書謂子華子聞晏子辭賞而言之其下復曰愛之反則憎必有所在矣助

之反則擠必有所在矣譽之反則毁必有所歸矣如淫辭篇云宋有澄子者亡緇衣求之塗見婦人衣緇衣援而弗舍欲取其衣曰今者我亡緇衣婦人曰公雖亡緇衣此實吾所自為也澄子曰子不如速與我衣昔我所亡者紡緇也今子之衣禪緇也以禪緇當紡緇子豈不得哉今其書曰宋有澄子者亡其緇衣順塗以求之見婦人衣緇焉援之而弗舍曰而以是償我矣婦人曰公雖亡緇衣然此吾所自為者也澄子曰而弗如速以償

我矣我昔所亡者紡緇也今子之所衣者禪緇也以禪緇而當我之紡緇也而豈有所不得哉其後復曰子華子曰夫利之滑心也幸於得而已矣忘其所以為質者矣幸於得而亡其所以為質夫何憚而不為之哉今世之人求其不為澄子者或寡矣如察傳篇云宋之丁氏家無井而出溉汲常一人居外及其家穿井告人曰吾穿井得一人有聞而傳之者丁氏穿井得一人國人道之聞之於宋君宋君令人問之於丁氏丁氏對曰得一

人之使非得一人於井中也求聞之若此不若無聞也
令其書曰昔宋有丁氏家故無井而出溉汲焉常一日
而一人居外懲其如是也鳩功而穿井於庭家相與語
曰今吾家得一人矣有聞而傳之者曰丁氏穿井而得
一人也國人更相道之語徹於宋君宋君名其人而質
之丁氏對曰自臣穿井家獲一人之力非得一人於井
中也此以對公仲承問黃帝鑄鼎乘雲事故其下云是
故黃帝之鑄神鼎是井中人之譬也知者正之是宋君

名其人而質之之譬也予概此數條比而讀之若古有是書矣見於呂氏乃或煩簡不盡合又時混其辭有不繫以子華子曰者何也獨審為篇云韓魏相與爭侵地子華子見昭釐侯昭釐侯有憂色子華子曰今使天下書銘於君之前書之曰左手攫之則右手廢右手攫之則左手廢然而攫之必有天下君將攫之乎亡其不與昭釐侯曰寡人不攫也子華子曰甚善自是觀之兩臂重於天下也身又重於兩臂韓之輕於天下遠今之所

爭者其輕於韓又遠君固愁身傷生以憂之臧不得也

昭釐侯曰善教寡人者衆矣未嘗得聞此言也子華子

可謂知輕重矣知輕重故論不過此亦見莊子讓王篇

其書乃無之叙者固疑漆園取古之道者寓言然而呂

氏記之矣呂氏亦以寓言記之則凡記子華子曰多寓

言矣又考其書見齊景公與晏子問對趙簡子又嘗招

之所謂劉向序亦云為趙簡子家臣而莊生呂氏復有

見韓昭釐侯之事高誘曰昭釐後謚也韓武子五世之

孫昭侯之子史記世家武子之子為景侯初分晉為諸侯傳烈侯文侯哀侯懿侯而後為昭侯國策云申不害與昭釐侯執圭而見梁君以申不害為臣則此昭釐侯即昭侯也竹書紀年韓釐侯來朝索隱謂韓昭侯也昭侯實哀侯之孫去武子六世與高誘注異其距齊景公之卒百三十三年晏子之卒百四十二年趙簡子之卒百十七年推簡子同時乃甚懸絶呂氏於其書見齊景公趙簡子等語俱不著謂為見昭釐侯可也其書獨不

著韓侯事謂為齊景公趙簡子時亦可也第合二書以論世次莫能定也如以孔子傾葢事定之則見晤侯者非也而其書且有疑焉晁氏讀書志謂觀其文辭近世依託為之者多用字說殆元豐以後舉子所為且以其書有秦襄公趙簡子相去幾二百年牴牾類此予所讀本雖載其適秦不言襄公也豈或者疑而畧之歟朱文公曰其辭故為艱澁而理實淺近其體務為高古而氣實輕浮其理多取佛老醫卜之言其語多用左傳班史

中字其粉飾塗澤俯仰態度但如近年後生巧於模擬
變撰者所為不惟决非先秦古書亦非百十年前文字
也祇因家語等書有孔子與程子傾葢而語一事而不
見其所語者為何説故好事者妄意此人既為先聖所
與必是當時賢者可以假托惑世遂造此書傅會之必
一能文之士所作其言精麗如論河圖之二與四抱九
而上躋六與八蹈一而下沈五居中據三持七巧亦甚
矣唯其甚巧所以知其非古書也又以洛書為河圖亦

仍劉牧之謬尤足以見其為近世之作或云王銍性之
姚寛令威多作贋書二人皆居越中恐出其手然又恐
非其所能及今未暇詳論其言之得失但觀其書數篇
與前後三序皆一手文字前一篇託為劉向而不類向
他書後二篇無名氏歲月而皆託為之號若世之匿名
書者其首篇風輪水樞之云正是並緣釋氏之説其卒
章宗君二祥蒲璧等事皆剽剥他書傅會其説其自序
出處又與孔叢子載子順事畧相似又言有大造於趙

宗者即指程嬰而言以左傳考之趙朔既死其家内亂朔之諸弟或放或死而朔之妻乃晉君之女故武從其母畜於公宫安得所謂大夫屠岸賈者興兵以滅趙氏而嬰與杵臼以死衛之云哉且其曰有大造者又用呂相絶秦語其不足信明甚而近世老成該洽之士亦或信之至引其説以自證其姓氏之所從出則似誣其祖矣文公審爲僞書因會稽官書刻本欲疑王姚所作不知紹興間晁氏先已疑元豐舉子矣由乾淳視之豈非

百年文字賴晁説而稍古王姚免作偽之譏惟葉正則推信以為真與孔子同時可與六經並考且云其書甚古而文與今人相近論者謂正則既知之矣或古有其書亡之後人摘其存於呂氏者特為此詳畧也予將以呂氏書證之曰彼誠出於近代又何先見於此也則昭釐侯之事與呂氏異復有疑焉況久逸於古史而始傳哉

宰相安和殿生無恙右軍帖中語東坡題潭帖云宰相

當是簡文帝殷則長源也耶黄伯思刋誤或云宰相安和帖乃郗愔書謂宰相簡文作相王時也殷生者殷浩也然此或是書郗愔帖語耳而結字實近世人偽作愔書自與逸少早年抗行而此帖了無晉韻其非審矣余

讀劉潛夫詩猒倦令書尺時將晉帖看殷生與宰相一體問平安但云晉帖則右軍郗愔不必論發揚帖中意有味也

東坡謫海外用雞距筆黄魯直崇寧二年十一月謫宜

州為資源書卷用三錢買雞毛筆書兩帖風流特相宜

王涯藏前世名書畫甘露之禍為人破垣剔取奩軸金

玉而棄書畫於道温韜發昭陵所藏書畫亦剔取裝軸

金玉而棄之頃貴人家廢楮斷幅散售於外或毀滅為

飛塵葢有錦褾玉軸見累者昭陵地下之藏尚當流落

人間史稱王涯祕固重複不可窺果安在哉智力不足

預于人事者多矣

元和聖德詩云以紅帕首注者引實録曰禹會塗山之

夕大風雷震有甲步卒千餘人其不被甲者以紅綃帕抹其額自此遂為軍容之服又退之送幽州李端公序紅帕首帕一作抹送鄭權尚書序帕首韡袴盖屢用之陸氏筆記舉孫策傳張津嘗著絳帕頭帕頭者巾幘之類猶今言幞頭也韓文公云以紅帕首已為失之東坡云絳帕蒙頭讀道書增一蒙字尤誤務觀固不引塗山事注韓文者亦不援孫策語然李鄭二序皆連帕首韡袴取義為幞頭正合范史云向栩者性卓絶不倫讀老

子狀如學道好被髮著絳綃頭李賢注說文綃生絲也
案此字當作幧其字從巾古詩云少年見羅敷脱巾著
幧頭已上史注紅綃頭或即紅綃帕子謂孫伯符所稱
南陽張津為交州刺史著絳帕頭鼓琴燒香讀邪俗道
書或由東都之季習妖妄者輒以為首飾椾其類也韓
詩帕為虛字坡詩帕為實字因文著字為蒙所用本别
俱不免陸氏之疑唐婁師德使吐蕃諭國威信虜為畏
悅後募猛士討吐蕃乃自奮戴紅抹頭來應詔此近塗

山軍容之遺制雖不敢以釋帕首其云戴紅抹額抑亦帕首巾幘之物爾

徐鉉隨後主歸朝見士大夫寒日多披毛衫大笑之語人曰中朝自兵亂之後其風未改荷氊被毳實繁有徒深可駭也一日入朝遥見其子壻吴淑亦被毛裘歸台而責之曰吴郎士流安得效此淑對曰晨興霜重苦寒然朝中服之者甚衆鉉曰士君子之有操執者亦未嘗服蓋自謂也新平之行豳土寒冽門人鄭文寶適掌轉

運迎鉉於途解所服褐裘以獻鉉終郤之遂為寒氣所傷下痢卒楊文公記其事鉉之志可悲矣然鉉仕中朝而中朝之士咸服之矣張文潛云鉉之為此言是不甘為亡國之俘為醜言以薄中朝士大夫耳不然豈不讀毛詩也豳詩曰無衣無褐鄭玄注褐毛布也非今段子乎則其來自三代也古人衣裘并皮衣之為裘取毛織之為褐理何爽乎文潛如此言之想同時中州人士不平於鉉尤甚矣近唯程泰之尚書斷之曰古固以狐羔

麑為裘聖人服之矣若謂古人不以織毛之衣襲朝服者則令貂蟬亦古乎若謂古人堅毅死且不易如是人多矣即其論厚於文潛而銍之志可悲已矣

韓持國不服涼衫不變於令郃堯夫不服深衣不變於古江鄰幾雜誌秘書丞宋飛卿云士大夫著毛衫已為徐常侍所譏近年內臣或班行製褐紬為涼衫漸及士大夫俄而兩府亦服之令正郎署中免靴者服之尤衆持國輩非之不肯服又云涼衫以褐紬為之以代毳袍

韓持國云始於内臣班行漸及士人今兩府亦然獨不肯服儀禮婦人衣上之服制如明衣謂之景景明也所以禦塵垢而為光明也則涼衫亦所以護朝服雖出近俗不可謂之無稽又桐陰舊話京師朝例公服乘馬因中官及班行製褐紬為衫者施於公服之上號涼衫既而雖二府亦服之然士大夫至有幞首涼衫而下不衣公服者宮師見之獨不肯服以初無此製及指揮所許也今則遍於天下間用為弔服紹興末暫罷紫衫至以

涼衫謁見尤無謂爾李氏雜記又謂乾道李獻之學士言會聚之際顏色可憎令上奉兩宫宜服紫衫為便阜陵之喪趙忠定公始令羣臣服白涼衫純素已異汴都褐紬之制顏色故為可憎況沈氏筆談已謂近歲京師士人朝服乘馬以黲衣蒙之謂之涼衫亦古之遺法儀禮朝服加景是也但不知古人制度章色如何爾按此云黲衣非今涼衫明矣

淳熙二年冬程尚書大昌以大蓬西掖假大宗伯押伴

北使赤峴御筵服重金周益公有詩云五日尹京非細事四時仕宦固多般自注泰之今春服緑夏間階緋今借金紫真傳游藝也按游藝在唐迎合武后朞年歷衣青緑朱紫時人謂之四時仕宦以此方擬出於雅謔故不以為嫌也

有黄生名充者初冬無衣陳無已贈背子堅不受於是以朱氏所賸二疋寄之有詩云割白鷺股何足難食鸕鷀肉未為失

宋建隆初王師下湖南澧鄂之民素不識駱駝村落婦人詫觀稱為山王拜求福祐者拾其遺糞穿繫頸上用禳兵疫

齊王肅歸魏初不食羊肉酪漿常食鯽魚羹渴飲茗汁高帝曰羊肉何如魚羹茗汁何如酪漿肅曰羊陸產之最魚水族之長羊比齊魯大邦魚比邾莒小國惟酪不中與茗為奴彭城王勰曰卿不重齊魯大邦而愛邾莒小國明日為設邾莒之會亦有酪奴因呼茗為酪奴

河南聞見録富鄭公與康節食筍康節曰食筍甚美公曰未有如堂中骨頭之美也康節曰野人林下食筍三十年未嘗為人所奪公今日可食堂中骨頭乎公笑而止

曾歸堂喬益公之扁也

魏華父樞密題扁榜必繫某堂某齋字荅袁廣微云静壽吏當增一堂字方為穩實蓋去堂字特數十年間事爾荅黄子才云古人庵觀堂室之名必有一實字荅彭

運幹云敬亭當有亭字審思榜之書室亦當有齋軒館室之類一字先是周益公亦云凡亭堂臺榭牌額單用所立之名而不書亭堂之類始於湖上僧舍中官流入禁中徃徃倣之今無間賢愚例從之矣設若一字名如怡亭快閣之類又當如何予觀教僧寮室直題二字或始此歟

陸務觀云楚詞所謂桂數見於唐人詩句及圖畫間今不復見矣屬山僧野人試求之賦絶句云丹葩綠葉鬱

團團消得姮娥種廣寒行盡天涯年八十至今未得一枝看又别記其説云桂花以春芳其色丹亦或紫南部新書云錢塘靈隠山多有之香紫可愛白樂天謂之紫楊華今不復見雖問靈隠山僧亦莫知矣往往妄指木犀為之草木顯晦亦有時如此可付一嘆諸老品題芳卉多矣少問及此或指木犀之紅者為桂而已李衛公平泉草木記中列桂之品三其一紅桂樹云此樹白花紅心因以為號其一月桂云出蔣山淺黄色其一山桂

云此花紫色英蕊繁缛三者未詳孰是爾雅梫木桂郭景純注白華不言丹紫也如選詩秋風生桂枝亦鮮言春也孫少媿東臯雜録自郃州至全州道傍多巖桂冬初花發芬馥特異俗謂之九里香又謂之木犀以其文理黑而潤殊類犀角也此謂冬初花發固由土氣有異以桂與木犀一種相傳久矣陸氏之說孤而不章草木之顯晦感慨所託何已哉余不足以知之以俟博識

捫蝨新話云北人不識梅南人不識雪蓋梅至北方則

變而成杏令江湖二浙四五月之間梅欲黄落而雨謂之梅雨轉淮而北則杏亦雨地氣然也語曰南人不識雪向道似楊花然南方楊實無花以此知北人不但不識梅而且無梅雨南人不但不識雪則亦不識楊花矣予謂荆公詩北人初未識渾作杏花看堪對南人不識雪之語按錢昭度詩南人如問雪向道是楊花恐新話所引即是洪氏四筆記遼僧云南人不信北人有千人之帳北人不信南人有萬斛之舟盖土俗然也法苑珠

林云吳人身在江南不信有千人氊帳及來河北不信有二萬斛船遼僧之談合此令觀法苑珠林語見於顏氏家訓皆同吁世以耳目臆度天下事有遺論矣

事林廣記考論寓錢之始云令楮鏹也唐書王璵傳曰玄宗時璵為祠祭使專以祠解中帝意有所禳祓大斥數巫覡漢以來葬者皆有瘞錢後世里俗稍以紙寓錢為鬼事至是璵乃用之則是喪祭之焚紙錢起于漢世之瘞錢也其禱神而用寓錢則自王璵始耳法苑珠林

云紙錢起於殷長史也按此則里俗以紙寓錢璵始用之非剏於璵矣朱文公云紙錢起𤣥宗時王璵蓋古人以玉幣後來易以錢𤣥宗惑於王璵之術而鬼神事繁無許多錢來埋得璵作紙錢易之文字便是難理會且如唐禮書載范傳正言唯顏魯公張司業家祭不用紙錢故衣冠效之而國初言禮者錯看遂作紙衣冠而不用紙錢不知衣冠紙錢有何間别近世戴氏鼠璞云法苑珠林載紙錢起於殷長史唐王璵傳載漢末皆有瘞

錢後里俗稍易以紙錢王璵乃用於祭祠令儒家以為釋氏法於喪祭皆屏去予謂不然之死而致死之不仁之死而致生之不知謂之明器神明之也漢之瘞錢近於之死而致生以紙寓錢亦明器也與塗車芻靈何以異俗謂果資於冥塗則可笑是説雖異亦有文公紙衣冠何别之意呂南仲有錢鄧公不燒楮鏹頌有云古用幣以禮神祇後之罪士為多則假之以請禳禱祈假之不已則翻楮代焉而弗支是故罪者滿世而莫救其非

大抵深惡夫寓錢以徼福者也予觀洪慶善杜詩辯證載文宗備問云南齊廢帝東昏侯好鬼神之術剪紙爲錢以代束帛至唐盛行其事云有益幽冥又牛僧孺云楮錢唐初剪紙爲之此足以補事林廣記之未及案自事林廣記考論寓錢之始以下十條皆見于陶宗儀說郛而原本脫去今据補録於後

陳無已云世人以痴爲九百謂其精神不足也項平甫家說云汪司業言九百草書喬字也朱彧可談云青州王大夫爲詞鄙俚每投獻當路以爲笑具季父爲青録

王亦與詩他日季父見其子謝之其子曰大人九百亂道玷瀆高明盖俗謂神氣不足者九百豈以一千即足數耶以書釋之不若陳朱之說通予讀張平子西京賦云小說九百本自虞初注者謂小說九百篇虞初著又曰九百四十三篇言九百舉大數也漢志云小說家者流盖出於稗官街談巷語道聽途說者之所造也如淳曰街談巷說其細碎之言也俗豈云九百或取喻細碎之為者俚語本於史録固有矣故漫記之東坡作文字

中有一條以彭祖八百歲其父哭之以九百者尚在李方叔問東坡曰俗語以憨癡駘騃為九百豈可筆之文字間乎坡曰予未知所据耳張平子西京賦云乃有祕書小說九百蓋稗官小說凡九百四十三篇皆巫醫厭祝及里巷之所傳言集為是書西漢虞初洛陽人以其書事漢武帝出入騎從衣黃衣號黃衣使者其說亦號九百吾言豈無據也方叔後讀文選見其事具文選注始嘆曰坡翁於世間書何往不精通耶近見雜說載此

乃知前輩考証無所不至

舊制駕頭未詳所始相傳更一朝即加覆黄帽一重孔氏談苑云駕頭者祖宗即位時所坐也相傳寶之夢溪筆談云正衙法座香木爲之加金飾四足檐角其前小偃織藤冒之每車騎出幸則使老内人馬上抱之謂之駕頭江鄰幾雜志云韓持國問李端明駕頭何物曰諸座之一原父訪王原叔原叔云此坐傳四世矣放翁筆記云駕頭舊以一老宦者抱繡裹杌子於馬上高廟時

亦然令乃代以閤門官不知自何年始叅諸紀載疑渡江後杌子已非法座故物乘輿所至百官道次班迎惟望駕頭致敬而已

史姚氏注楚漢春秋高祖封許負為鳴雌亭侯是知婦人亦有封邑班志漢從秦制爵二十級十九關内侯二十徹侯亭侯未詳也范志謂列侯所食縣為侯國承秦爵二十等為徹侯大者食縣小者食鄉亭㕘亭侯者以十里一亭之地封焉或已自漢初有之婦人封邑班書

云高后嘗以蕭相國夫人同爲酇侯按司馬氏表孝惠
三年哀侯禄元年高后二年懿侯同元年班志孝惠六
年哀侯禄薨高后二年封何夫人禄母同爲侯二表所
紀畧異索隱又疑其事非予謂吕后欲侯吕氏先封高帝
功臣欲立吕氏先封孝惠後宫子四年封吕嬃爲臨光
侯亦先封功臣妻矣自許負之封及酇侯夫人疑先漢
婦人封邑之始
上梁文吴氏漫録考其所始云後魏温子昇有閶闔門

上梁祝文云惟王建國配彼太微大君有命高門啟扉良辰是簡枚卜無違雕梁乃駕綺翼斯飛八龍杳杳九重巍巍居辰納祜就日垂衣一人有慶四海爰歸乃知上梁有祝文矣第不若今時有詩語也樓大防參政又考兒郎偉始於方言其說云上梁文必言兒郎偉或以為唯諾之唯或以為奇偉之偉皆未安在勑局時見元豐中獲盜推賞刑部例皆即元案不改俗語有陳棘云我部領你懣廝逐去深州邊吉云我隨你懣去懣本音

閩俗音門猶言輩也獨秦州李德一案云自家偉不如今夜云余啞然笑曰得之矣所謂兒郎偉者猶言兒郎懣蓋呼而告之此關中方言也上梁有文尚矣唐都長安循襲之以語尤延之諸公皆以為前未聞或有云用相兒之偉者殆誤矣樓公考證如此予記呂氏春秋月令舉大木者前呼與謣後亦應之高誘注為舉重勸力之歌聲也與謣注或作邪謣淮南子曰邪許豈偉亦古者舉木隱和之音

顔氏家訓言江南風俗二親若在每至生日常有酒食之事無教之徒雖以孤露其日皆為供頓酣暢聲樂不知有所感傷程氏云人無父母生日當倍悲傷更安忍置食張樂以為樂若具慶者可矣此同顔訓之意固不論在上也者然如梁元帝當載誕之辰輒齋素講經唐太宗謂長孫無忌曰是朕生日世俗皆為懽樂在朕翻為感傷今君臨天下富有四海而欲承顔膝下永不可得此子路有負米之恨也詩云哀哀父母生我劬勞柰

何以劬勞之日更為宴樂乎泣數行下羣臣皆流涕則前世人主未以生日為重而慶賀成俗已久矣漫録又記唐中宗以降誕日宴侍臣内戚與學士聯句人主生日樂宴為壽殆始見此時固莫盛於明皇也按唐開元十七年八月上以生日宴百官於花蕚樓下左丞相乾曜右丞相説帥百官上表請以每歲八月初五日為千秋節布於天下咸聽宴樂休暇三日此置節之始十九年以千秋節降死罪流以下原之此恩赦之始二十四

年八月千秋節羣臣皆獻寶鏡張九齡獻千秋金鏡録至代宗大歴元年十月上生日諸道節度獻金帛器服珍玩駿馬此受貢之始德宗以誕日歳詔佛老者大論麟德殿并詔給事中徐岱等講説此説法之始穆宗長慶元年詔七月六日是朕載誕之辰其日百僚命婦宜於光順門進名叅賀朕門内與百僚相見雖書勅停尋復行之此進名受賀之始長慶四年敬宗初立徐泗觀察使王智興以上生日請於泗州置戒壇度僧尼資福

此度僧之始文宗開成二年詔朕之生辰不欲屠宰用表好生非是信尚空門將希无妄之福自今宴會蔬食任陳脯醢永為常例此禁屠宰之始紀節以來襲為大典雖本自開元而明皇久以生日為重矣王皇后寵衰泣曰三郎獨記不得阿忠脱紫半臂換一斗麪為生日湯餅耶盖舊事也明皇不惟自壽每自讓皇帝憲生日必幸其宅移時宴樂惠宣太子業被疾明皇自視會既愈幸其第置酒賦詩為初生歡此愷悌之至情天寶十

四年六月一日貴妃楊氏生日幸華清宫於長生殿奏新曲會南海進荔枝因名荔枝香天寶十載正月安禄山生日賜衣服玩器酒饌以宫妾蕃將亦用此朱新仲云唐人生日多具湯餅引夢得送張與詩爾生始懸弧邀我作上賓引箸舉湯餅祝賜天麒麟此當謂初生時少陵自有宗武詩也雲溪友議載西川韋相公臯因作生日節鎮皆貢珍竒獨東川盧八座送一歌姬為饋林讌之詩驚起何波理残夢自注述夢中所見何使君

蜀人以波呼之猶丈人也范氏吳船録記嘉州王波渡云蜀中稱尊老者為波又有所謂天波月波日波雷波者皆尊之稱此王波蓋王老或王翁也宋景文嘗辨之謂當作皤字魯直貶涪州别駕自號涪皤或其俗云按景文所記云蜀人謂老為皤音波取皤皤黃髮義

張文昌祭韓吏部詩公疾浸日加孺人視藥湯以為姬妾則為出二侍女合彈琵琶箏已有侍女矣以為妻則皇甫湜撰神道碑云夫人高平郡此不稱夫人退之曾

云巳呼孺人戛鳴瑟豈以言内子耶説者謂韓詩孺人對稱子自杜詩老妻稱子句中來儲光羲云孺人善逢迎稚子解趨走又出於江淹恨賦左對孺人顧弄稚子凡皆並指妻子唐棣王琰有二孺人争寵盖親王有孺人二人云唐制按曲禮天子之妃曰后諸侯曰夫人大夫妻曰孺人士曰婦人庶人曰妻則孺人不得以為妾張文昌或取此宣和罷縣君改孺人為第八等

揚州天長道中有古塚土人呼為琉璃王塚馬氏嬾真

子録辨為漢廣陵王胥謚厲後人誤謂劉厲為琉璃爾

長安董仲舒墓門人至皆下馬謂之下馬陵訛呼為蝦蟆陵

相人之法古矣而物無不可相史云黄魯直陳君夫相馬留長孺相彘滎陽褚氏相牛呂覽又記古有善相馬者寒風能相口齒麻衣相頰子女厲相目衛忌相髭許鄙相尻投代褐相胸脇管青相膹肳陳悲相股脚秦牙相前君贊相後與羣獸焉人可知矣昭德讀書志伯樂

相馬經浮丘伯相鶴經甯戚相牛經鄭氏通志又加以周穆王相馬經諸葛穎徐成相馬經高堂隆相牛經淮南八公相鵠經相鴨經相雞經相鷰經抑皆古事也不惟是也凡物皆然故自西都藝文之目已著相人相寳劔刀相六畜班孟堅謂相人及六畜骨法之度數罷物之形容以求其聲氣貴賤吉凶要其術如是而已世代相傳當有存者陳氏書曰相貝經未詳何書緯略云師曠有禽經浮丘伯有鶴經雖六畜亦有牛經馬經狗經

下至蟲魚有龜經魚經唯朱仲所傳貝經奇怪豈卽相貝經歟或述其名數而謂相也緯畧又舉東方朔相笏經袁天綱郭先相笏經陳混常相笏經古相手板經亦驗人禍福也齊綦母稱之在州時有一手板相者云富貴又吴氏漫録引陸長源辨志載唐天寶中有李旺稱善相笏驗之以事卒皆無驗以為不可槩論遂記開寶末長史相水立巒三笏一王侯笏生人不敢秉一宰相笏一卿監笏亦為節度而作其後一歸錢武肅祠堂一

歸沈相一歸錢昭晏以衛尉卿守滑州真廟朝老道士為沈良擇笏云此借緋笏兼是吉州通判沈時除吉州通判借緋又云候罷任别為揀朝官笏期明年六月沈果以是時卒由前一事則貴賤在笏由後一事則吉凶在人漫録云館中有陳混常相笏經其説推本管輅李淳風之言又常氏相板印法魏程伯相印法蓋相笏之類而有相字法者術亦傳也

謄錄貢生臣曹鳳元

圖書在版編目（CIP）數據

愛日齋叢鈔 / (宋) 葉寘撰. — 北京 : 中國書店, 2018.8

ISBN 978-7-5149-2079-6

Ⅰ. ①愛… Ⅱ. ①葉… Ⅲ. ①中國歷史 - 筆記 - 唐宋時期 Ⅳ. ①K240.66

中國版本圖書館CIP數據核字(2018)第080120號

四庫全書·雜家類

愛日齋叢鈔

作者 宋·葉寘 撰

出版發行 中國書店

地址 北京市西城區琉璃廠東街一一五號

郵編 一〇〇〇五〇

印刷 山東潤聲印務有限公司

開本 730毫米×1130毫米 1/16

印張 20.5

版次 二〇一八年八月第一版第一次印刷

書號 ISBN 978-7-5149-2079-6

定價 七六 元